なぜ障がい者を雇う中小企業は業績を上げ続けるのか？

経営戦略としての障がい者雇用とCSR

影山摩子弥 著

Why do the companies employing the handicapped continue getting good business results?

中央法規

はじめに

障がい者雇用についてどのようなイメージをもっておられますか？　昨今、社会的関心も高まり、経営者の皆様も法定雇用率にかかわらず、一度はお考えになったことがあるかもしれません。

障がい者にかかわる法の整備や運用の点でも動きが増えてきました。２０１３年４月から民間企業における法定雇用率が０・２％引き上げられ、２・０％になったことに加え、精神障がい者の雇用を義務づけることを柱とした「改正障害者雇用促進法」や障がい者に対する差別の解消を謳《うた》った「障害者差別解消法」が成立しました。いずれも障がいのある方や家族の皆さんにとっては、一歩前進と言ってよいかもしれません。

しかし、そもそも雇用や差別解消を法で強制する必要があるのは、障がい者を社会のお荷物と考える偏見や思い込みがまだまだ根強いからではないでしょうか？　特に、効率や費用対効果、製品の質が重視される企業経営の現場においては、その偏見が強いように思います。

私はＣＳＲ（企業の社会的責任）について研究をしていますが、その一環として、２年半かけて障がい者雇用の経営上の効果について企業にアンケート調査を実施し、先日、その結果をまとめました。それは、世の中の偏見や思い込みをひるがえすものでした。障がい者は、経営の負担になるどころか、経営を改善する力を持っていることが明らかになったのです。

障がい者を雇用し、その力を引き出し、経営改善に結びつけることは、障がい者やその家族にとっても、企業にとってもWIN–WINとなる戦略です。したがって、障がい者の力を引き出すことは、障がい者雇用という特殊な領域にとどまらず、時代をとらえ現代を生き抜くための経営戦略という重要な領域の課題と言えるのです。

本書は、障がい者雇用に関する現状を少しでも変えることができればという思いもあり、障がい者が企業の経営を改善する力を持つこと、その力がどのような条件で引き出され、どうしたら経営改善につながるのかを、とりわけ、企業の経営層や経営企画・人事のご担当者、障がい者支援団体・当事者団体の皆さん、行政機関の関連部署の皆さんに広くお伝えするために執筆したものです。

そのため、本書は、私の研究に基づきながらも、体裁や表記の点で研究書の堅苦しさをなるべく排除して、わかりやすさに重点をおいたものになっています。また、障がい者雇用が経営戦略だと薄々気づきながらも一歩踏み出せない経営者の背中を押すことを考えて、「こうなっている」という分析だけではなく、あえて「こうしなさい」という指南にまで踏み込んでいます。

障がい者の雇用が進み、偏見が徐々にであっても解消され、一人ひとりにとって住みよい社会になるよう、本書が、障がい者雇用を効果的な経営戦略に結びつけるための一助になれば幸いです。

目次

I部

経営戦略としての障がい者雇用

第1章 障がい者雇用は経営のフロンティア

1 「負担」としての障がい者雇用

小さい会社ほど未達成

中小企業にとって、厳しい時代が続いています。

東京商工リサーチによると、2012年度（2012年4月〜2013年3月）の倒産件数は、1万1719件でしたが、そのうち、従業員数5人未満の企業が7割近くを占めており、過去20年間で最高の数値となっています。特に規模の小さな企業にとって、厳しい時代と言えます。

このような時代では、経営の負担になりそうなことは極力避けようとするのは致し方ないことです。

障がい者雇用もその1つです。障がい者雇用は、「経営への負担」「法で定められているから仕方なく行うもの」と考える方も少なくないのではないでしょうか？

図1-1をご覧ください。障害者雇用促進法では、従業員に占める障がい者の割合が定められていますが（「法定雇用率[*1]」と言います）、2012年6月時点で法定雇用率をクリアしている企業の割合を企業規模別に見たものです。1000人規模以上が最も割合が大きいものの、6割に満たない状況です。

また、図1-2は、企業規模別に、雇用割合の平均を見たものです。企業規模が小さくなるほど、取組みが今ひとつであることがわかります。しかも、一般企業における法定雇用率は、2013年3月までは1・8％、4月から2・0％となりましたが、改正前の法定雇用率をクリアしているのは、1・9％の1000人規模以上のみで、他はクリアできていないことがわかります。

＊1　「労働者および失業者」に占める「身体障害者または知的障害者である労働者および失業者」の割合を元に定められ、少なくとも5年ごとに見直しがなされます。

図1-1　法的雇用率達成企業割合（企業規模別）2012年

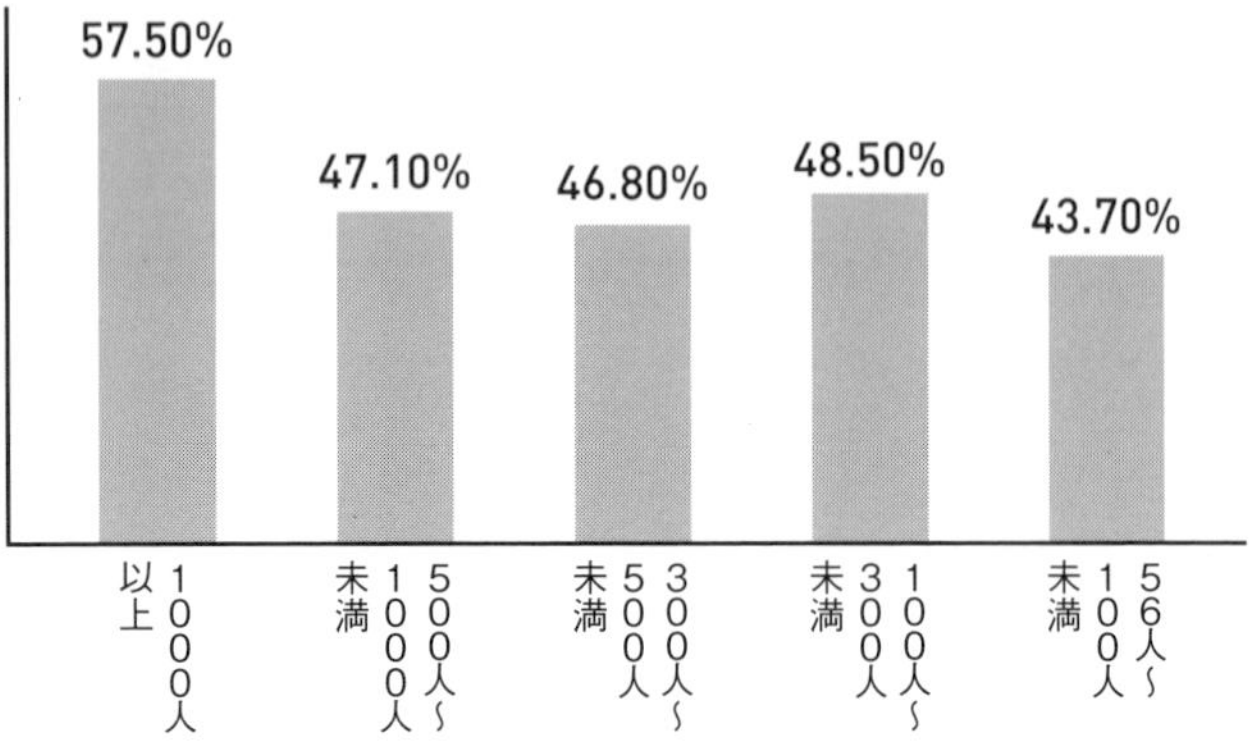

厚生労働省「平成24年 障害者雇用状況の集計結果」より作成

図1-2　障がい者雇用率（企業規模別）2012年

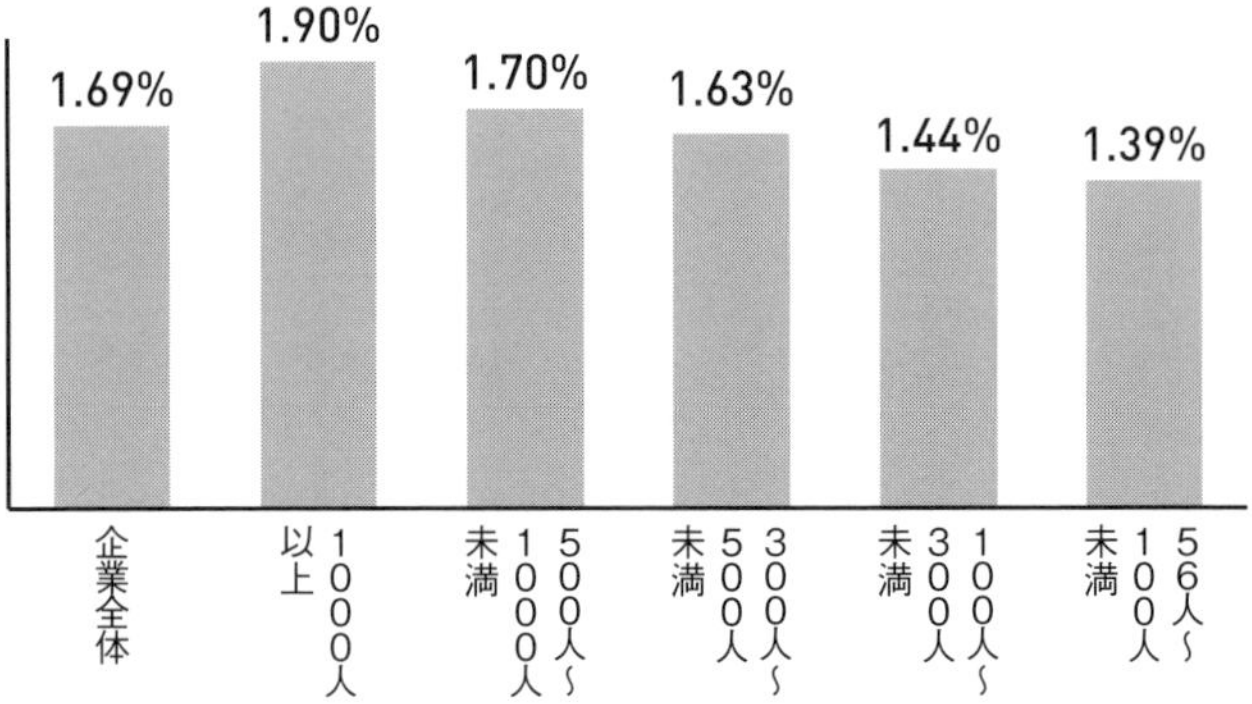

厚生労働省「平成24年 障害者雇用状況の集計結果」より作成

「納付金のほうがマシ」という本音

このような状況のなか、障害者雇用促進法の改正案が２０１３年６月に衆院本会議で可決され、２０１８年４月から精神障がい者の雇用が義務化されることになりました。その背景には、図１-３に示されているように精神障がい者の新規求職件数が急増していることがあります。

精神障がい者の新規求職件数が増えているのは、精神障がい者そのものが増えているからです。図１-４を見ると、精神障がい者の増加率が大きいことがわかります。今の日本は、いつ職を失うかわからない、給与が減って夫婦で働かなければとても生活できない、人が減らされて仕事の量がどんどん増えている、成果が過度に求められる、といった状態が日常化しています。これでは、精神を病む者が増えるのも当然でしょう。企業が精神障がい者を量産している印象すら湧きます。

もちろん、障がい者の雇用がどんどん進めば、法律で強制する必要はありませんが、そうした状況にはないのが現実です。障がい者に割りふる仕事がない、障がい者は手がかかる、扱い方が難しい、労働生産性が低いなど、企業が障がい者雇用をマイナス要因と考えていることが主な理由としてあげられます。雇用する場合でも、「経営の負担になるけど、

図1-3　ハローワークを通じた精神障がい者の新規求職件数（単位：件）

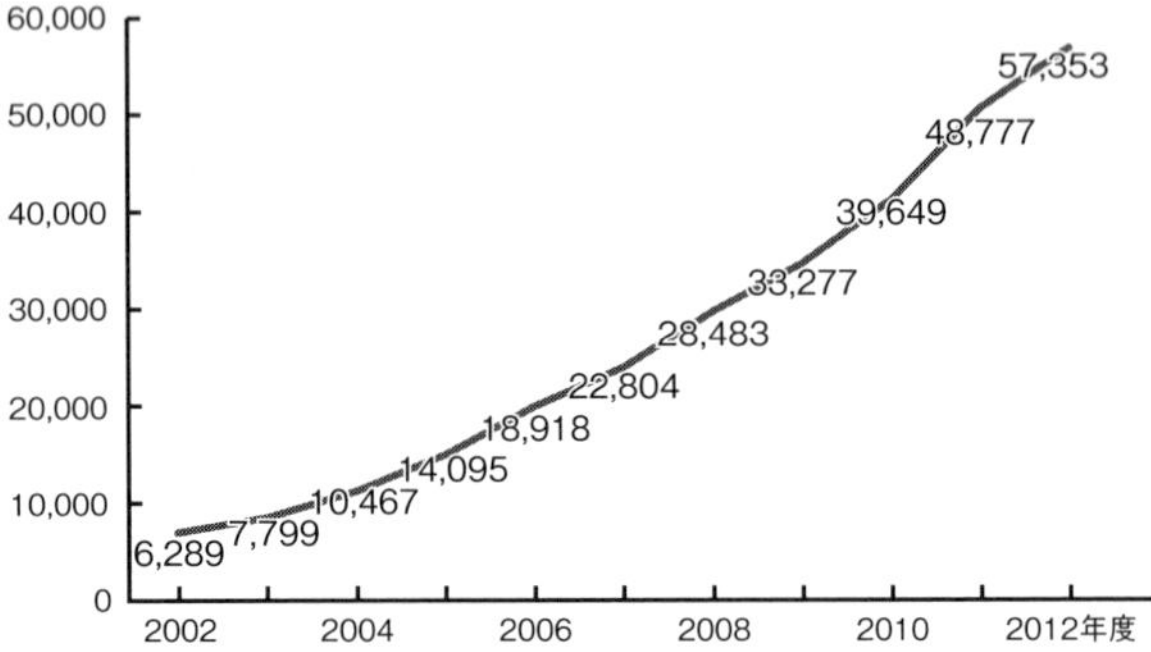

厚生労働省「平成24年度　障害者の職業紹介状況等」より作成

図1-4　障がい者数の推移（単位：万人）

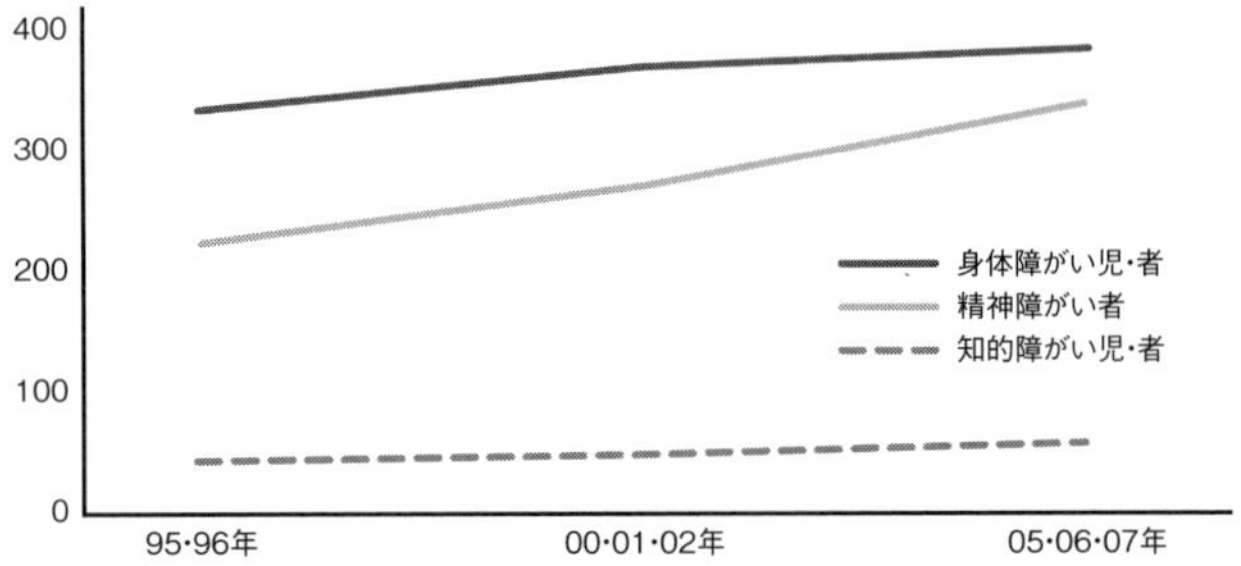

厚生労働省「身体障害児・者実態調査」「知的障害児・者実態調査」「社会福祉施設等調査」「患者調査」等より作成
なお、身体障がい児・者は、1996年、2001年、2006年の数値、知的障がい児・者は、1995年、2000年、2005年の数値、精神障がい者は、1996年、2002年、2008年の数値

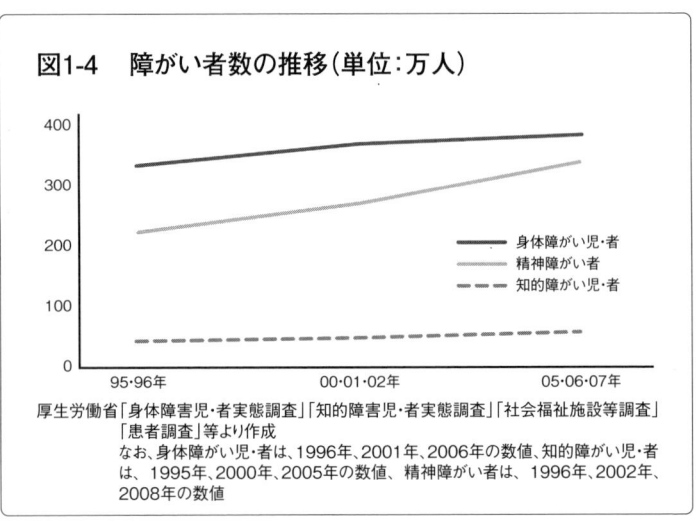

法定雇用率があるから仕方なく」雇用するということになります。そんな会社の態度は、障がい者にとって望ましいものではないでしょう。

しかし、利益を生まねば倒産の危機に陥りかねない企業にとって、経営にとってマイナスになる要因は、なるべく避けたいはずです。特に、財務規模も小さく余力のない中小企業は、一般的にその傾向が強いように思われます。

それゆえ、法定雇用率を超えて雇用している場合に助成がなされたり（「調整金」と言います）、雇用率を達成していない場合、納付金*2（罰金です）を納めねばならなかったりしても、「雇用すればするほど経営の負担になるのであれば、納付金（罰金）を払ったほうがまし」となってしまい、雇用が進まないわけです。

大企業に有利な「障がい者労働市場」

また、特に中小企業が障がい者雇用に及び腰になるのは、大企業に比べて「楽な障がい者」の雇用が難しく「難しい障がい者」を雇用せねばならない傾向がある、という事情もあります。

*2 2013年現在、従業員200人を超える企業に適用されていますが、2015年4月からは100人を超える企業に適用されます。

「楽な障がい者」「難しい障がい者」。決して良い表現ではありませんが、コストや売上を常に考えねばならないシビアな企業経営においては、ありうる観点です。例えば、知的障がいがあっても、それほど重くなく健常者並みに仕事ができるとか、身体の障がいで歩行が難しいが、デスクワークなら健常者と同じにできるといった方は、企業にとって雇用しやすい「楽な障がい者」と受け取られるのです。

「楽な障がい者」を雇用したいと企業が考えたとき、1つの方法は、人材紹介会社に紹介料を払ってそうした人材を紹介してもらうことです。障がい者向けの仕事を新たに作り出す、専従の担当者をつける、スロープをつけるなどの整備をする、外部の専門機関や行政機関などと連携するといった手間やコストを考えたり、相応の処遇をせねばならないことを考えたりすると、採用時に多少のコストをかけても、手間がかからずにそれなりに働ける人を雇おう、という判断になるわけです。

ですが、もちろんそのコストは安いものではありませんから、中小企業では、そのようなコストをかけて雇用することは、なかなか難しいものがあります。その点で、「楽な障がい者」の獲得は資金に余裕がある、特に大企業に有利と言えるでしょう。また、ネームバリューや処遇の点から、障がい者側も大企業を志向する傾向があります。

つまり、中小企業の雇用が進まないのはこのような背景もあり、必ずしも雇用に対する意識が低いとは言えないのです。

ちなみに、２０１３年４月より障がい者の法定雇用率が２・０％に引き上げられ、その結果、企業間で「楽な障がい者」の取り合いが生じました。大企業の雇用実態は平均１・９％でしたから、２・０％まであと０・１％にすぎませんが、そもそもの社員数が多いので、０・１％といってもそれなりの人数になります。「楽な障がい者」を確保できなかった企業は、「難しい障がい者」を雇用せねばなりませんが、対応するためのノウハウがないため、苦労しているケースも見受けられます。

2 障がい者雇用「で」業績を上げる中小企業

障がい者雇用の効果に気づきはじめた経営者たち

ここまで、進まない障がい者雇用の現状を経営環境の厳しさや障がい者を雇う大変さから説明してきました。このような背景があっては、中小企業が障がい者を積極的に雇用する理由など見つからないと思われるかもしれません。

しかし、それとは少し違う考え方をしている企業があることをご存じですか？　障がい者を雇用していても、いや、障がい者を雇用しているがゆえに、業績もよく、元気に経営を継続している中小企業がじつはたくさんあるのです。

そのような企業の経営者にインタビューすると、働き手として障がい者を評価していることがわかります。障がい者雇用を経営への負担ではなく、むしろ、経営を改善するための積極的な方策として考えているのです。

私のこれまでの研究からも、障がい者が企業の経営を改善する力を持つことは明らかです。この力にすべての企業が気づけば、障がい者の雇用はもっと進むはずです。また、障がい者もやりがいをもって働くことができるでしょう。

「企業が存続するために行うべき大事なこと」を経営戦略と言います。つまり、障がい者の雇用は、障がい者やその家族にとってだけでなく、企業にとってもプラスになる、WIN–WINの経営戦略となりうるのです。

障がい者の「生産性」は低い？

しかし、また話を現実に戻すと、障がい者が経営にもたらすメリットは気づかれにくいために、雇用につながっていないのが現状です。確かに、障がい者を雇用しさえすれば、何の努力も工夫もせずに、効果を手に入れられるわけではありません。他のさまざまな事柄と同じように、障がい者を雇用して成果を生むためには、もちろん相応の工夫が必要なのです。

その工夫の1つとして、障がい者個人の生産性を上げるために訓練をしたり専用の機器を導入したりという方法があります。それも大事なことではありますが、現実にはそれだけを考えると障がい者雇用の成果は限定的です。視野を会社全体に広げて考える必要があります。

つまり、障がい者を雇用すると、障がい者が健常者社員に直接影響を与えたり、雇用をきっかけに作業過程が見直され、健常者社員が働きやすくなるなど間接的に影響を与えたりすることによって、費用対効果や労働生産性が改善されることがあるのです。そのような効果を引き出す工夫も必要なのです。

費用対効果とは、事業のために投下した費用によってどれほどの成果が生み出されたか、ということです。したがって、費用が削減されたり、成果が増えたりすれば、費用対効果の改善につながります。

一方、労働生産性は、「会社全体の生産量（付加価値＊3）÷従業員数」で算出され、従業員1人が一定の時間でどれだけの付加価値を生んでいるかを示します。会社全体の生産性を社員一人ひとりの生産性に還元し、その積み重ねとする考え方に基づきます。

このような労働生産性の考え方は、「ミクロ」という、個々に細分化して見るイメージのある用語を使って、「組織内ミクロ労働生産性」と呼ぶことができます。個々に還元する観点は、数式の上だけではなく、実際の仕事の現場でも一般的に見られます。「あの人は仕事ができる」「この人は作業が遅い」など、個人にスポットを当てる表現もその1つです。個々の社員の成果を問う成果主義＊4は、このような労働生産性の考え方がベースにあります。

障がい者雇用というと、費用対効果や労働生産性との闘いというイメージがあると思います。障がい者を訓練したり、業務をわかりやすく整理したり、作業環境を整えたり、障がいに合った作業を切り出したり、付加価値の高い仕事を考えたりと、さまざまな取組みがなされています。しかし、上記のような労働生産性の考え方からすると、どうしても障がい者は、健常者に比べて生産性が低いと見られるのが現実です。それゆえ雇用も進まないのです。

個人の「生産性」から組織の「生産性」へ

しかし、労働生産性は、「一人ひとりの生産性」という発想だけでは不十分です。一人ひとりに還元できない側面もあるのです。つまり、障がい者社員を受け入れるために社内の制度を整備することや、障がい者社員が健常者社員に直接影響を与えることによって、会社全体の費用対効果や労働生産性が改善され、経営の改善につながる場合があります。このような効果は、障がい者社員が会社全体に影響を及ぼす効果なので、全体を見渡すイメージをもつ用語である「マクロ」を用いて、「組織内マクロ労働生産性改善効果」と呼

＊3　ある工程や作業によって生み出された製品などがもつ価値と、それを作り出すための元になった原料などの価値との差。
＊4　社員があげた成果に基づいて、その社員の給与や地位を決める方法。

ぶことができます。

もう少し一般的な例で説明しましょう。各人の能力は高いけど、仲が悪くコミュニケーションができていないグループと、各人の能力はそこそこだけど、意思の疎通がよくとれていて気が合ったグループだと、後者のほうが良い仕事をすることがよくあります。良い相乗効果が期待できるのです。つまり、お互いに影響を与え合うことで生み出されるのが、組織内マクロ労働生産性改善効果で、チーム労働生産性などもその例です。

組織内マクロ労働生産性は、会社全体の「生産量」に含まれますので、組織内ミクロ労働生産性（会社全体の生産量（付加価値）÷従業員数）に、計算上は反映されていると言えますが、社内の制度の変更を介したり、人間関係が生み出す効果であったりするので、誰がどのような形で寄与しているか簡単には見えにくく、障がい者の寄与も能力も認識されにくい点が指摘できます。

しかし、現代の先進国においては、単独で組立て作業を行うなど、個人の成果が明確に判別できるような作業を行うことは少なくなり、社員間のつながりのなかで仕事をすることが一般的です。そこで、社員が相互に与える影響に着目して、業務の体系や仕事の流れ、人事の制度などを考える必要があります。したがって、障がい者雇用の費用対効果は、「組織内マクロ労働生産性」の観点からも評価され、障がい者の能力や障がい者雇用の効果を

「見える化」する必要があります。さらに言えば、助成と罰金というアメとムチだけではなく、労働生産性や費用対効果を改善する障がい者の力を引き出すノウハウを、企業に形成させるような支援策を整備する必要もあります。

3 障がい者雇用「で」業績を上げることへの2つの誤解

今述べたような、障がい者雇用を生産性と結びつけて論じる私の説明についてどのように感じられますでしょうか？　こうした観点に対しては、批判も考えられます。大きく分けると2種類の批判があると思います。ここで、それについて私の考えをご説明いたしましょう。

「障がい者雇用は社会貢献だ」という誤解

１つ目は「障がい者雇用は社会貢献として行うべきものであり、儲けや生産性などを考えて取り組むべきではない」というものです。ここでいう社会貢献とは、「経営上の意味がないもの」や「経営の負担になるもの」という意味で使われています。

こうした考え方には、３つの問題があると思います。

まず、第一に、障がい者差別につながる発想だということです。

こうした考え方は、「役に立たず、経営の負担にしかならない障がい者を雇用するから社会貢献である」と言っているのと同じです。「役に立たない存在」という見方が、障がい者に対する差別を生む要因の１つになっていることが指摘できますから、このような主張は、差別を生む発想に基づいていると言えます。障がい者は、役に立たないどころか、重要な戦力となったり、経営を改善する大きな力を持つというのが私の考えです。

第二に、このこととかかわりますが、障がい者を戦力にできていません。

障がい者が会社の戦力になるのであれば、障がい者を見る目も変わり、雇用が進む可能性がありますし、障がい者を評価する雰囲気のなかで、障がい者がやりがいをもって働くことができるでしょう。それができていないことを物語っています。

第三に、社会性が現代の経営戦略において重要であることが理解されていません。社会貢献やソーシャルビジネスなど、社会課題の解決につながるという意味で社会性がある事業は、新たな収益事業になったり、社員の仕事に関する満足度や顧客の評価を高めたりするなど、現代では重要な経営戦略です。社会性がある障がい者雇用も、重要な経営戦略になってきているのです。「社会貢献は、経営上の意味がないもの、負担になるもの」という発想は、すでに過去のものです。

障がい者を「儲けの道具にしている」という誤解

2つ目は、生産性が上がるという観点から障がい者雇用を論ずることは、障がい者を売上や儲けの道具とすることを推奨するようなものだという批判です。

もちろん、本書は、障がい者を儲けの道具にすることを推奨するものではありません。経営側がそのような姿勢だと、働く者の意欲や会社に対する求心力がそがれるので、会社にとってマイナスです。次章で紹介する「バニーフーズ」や「甲斐電波サービス」が、障がい者を雇用する前に直面していた課題は、それを雄弁に物語っています。

そのことを前提にして言うと、このような批判は、「経営指標と経営姿勢の混同」という大きな誤りを犯しているのです。社会貢献の例でご説明しましょう。

講演で「財務規模が小さく、体力がない中小企業が社会貢献（活動）を継続するためには、社会貢献（活動）に経営的意味がある必要がある」と言うと、「儲けのためにやるということか」と問われることがあります。「儲け至上主義」を推奨していると、誤解されるのです。

このような誤解が生ずるのには、理由があります。企業の活動を利益や売上に結びつけて議論したり、評価したりする場合、2つの解釈が可能で、両者は混同されやすいのです。どのような解釈かというと、1つは、利益や売上を目的とする経営姿勢を論じているという解釈です。経営者は人としてどうあるべきか、どうふるまうべきか、という価値観とかかわる解釈です。この解釈からすると、利益や売上が上がっているかどうかで社員の働きや事業を評価することを勧める議論は、利益や売上を至上目的とし、儲けのために社会貢献活動を行う、社員を儲けの道具としてしか見ない、といった経営姿勢を勧めていることになるというわけです。

もう1つは、市場経済の下では、利益や売上は企業活動の主要な制約要因なので、企業の健全性を示す指標として用いている、という解釈です。そこには、企業を客観的に分析する視点があるだけです。

制約要因とは次のような意味です。企業は、市場での競争のなかで、利益を上げなければ、経営が危うくなります。したがって、経営を続け、従業員が路頭に迷わなくてもすむようにするためには、企業がコストをかけるものは、経営的意味をもっていなければなりません。言い換えれば、社会貢献にしても、障がい者雇用にしても、利益や売上につながっており、企業の財務的健全性を損なわないものであれば、継続して取り組むことができます。

この文脈では、利益や売上は、経営戦略や事業の内容、費用のかけ方などが適切か、生き残ることができるような成果を出す事業になっているかを判断する指標の1つとして位置づけられているにすぎません。指標とは、複雑でわかりにくいものの状態を可視化したり、わかりやすくしたりするために、数値などで表現したものです。指標にならないなら、財務諸表もいりませんし、会計学などという分野も成り立ちません。

両解釈の視点は大きく異なりますから、利益や売上に結びつけて企業活動を論じている場合、儲け至上主義の経営姿勢を推奨する議論なのか、制約要因や指標として論じているのか、区別する必要があります。しかし、現実の企業や経営者の姿勢としては、この2つの現れ方を区別しにくいため、混同されがちです。つまり、経営者が利益や売上を口にする場合、金の亡者なのか、指標としているだけなのか、区別がつきにくいのです。

実際、とんでもない経営者もいます。「ブラック企業」という呼び方もあります。それを見極めるのは容易ではなく、経営者の普段の言動から推測するしかありません。言い換えれば、混同されないようにするためには、経営者は、普段から、社員や地域社会、顧客など大事な利害関係者（ステークホルダー）とのコミュニケーションを大事にし、自分の姿勢を伝えねばなりません。例えば、横浜市栄区にある「石井造園株式会社」は、地域住民や企業を集めて、自社の倉庫でＣＳＲ報告会と称したイベントを毎年開催するという優れた取組みをしています。

説明が長くなりました。当然のことですが、本書は、制約要因や経営の健全性の指標とする視点から、利益や売上と障がい者雇用を結びつけているにすぎません。「障がい者雇用は、企業にとってプラスになる」といっても、それだけでは抽象的で説得力を欠きます。企業にとってのプラスを集約的に表現するものとして、利益や売上を参照する必要があるというわけです。

本書の意図

本書は、中小企業経営者をはじめとする障がい者雇用にかかわる多くの方々に、障がい者雇用が経営の改善につながることと、どのようにしたらその効果を実現できるか、についてお伝えしたいと思い書いたものです。以下のような構成となっています。

第2章で実際に障がい者雇用により経営を改善させている事例を紹介したあと、第3章でそのような事例がどのような仕組みで起こるのか、を私が行った研究の結果から明らかにし、第4章で障がい者を雇用し経営的な成果に結びつけるポイントを解説します。事例は、中小企業に登場していただきました。中小企業は、財務規模が小さく、余裕もあまりないので、障がい者を雇用する場合、戦力にせざるを得ないため、その能力を引き出し、活用していることが多いからです。

ただ、時代の変化を背景に、現代は、成功事例をまねるだけではうまくいかないことが多くなりました。成果を得るためには、表面的に事例を知るだけでは不十分で、成果が出るメカニズムを把握し、それを自社に合った形に解釈しなおして導入する必要があります。つまり、事例を日々の企業経営の現場に活かすためには、なぜ単なるまねではだめなのか、事例を自社に合う形で導入するには、何に注意したらよいのかを理解する必要があり、そして、その理解のためには、時代がどのように変化したのか、現代の特性は何かを知る必要があるのです。

そこで、本書は、事例紹介にとどまらず、第5章以降で、時代の変化の方向と時代の変化が意味するものの解説にまで踏み込んで、障がい者雇用を経営戦略化する必要を説くという構成になっています。つまり、第5章でCSRとは何か、第6章で社会の根本的変化がCSRの背景にあること、第7章で市場経済では企業不祥事が避けがたいこと、第8章でCSRがシステムであること、第9章でCSRが地域活性化のために不可欠であること、第10章で社会の変化によって日本でも社会貢献を経営戦略化する可能性が出てきていること、第11章で社会貢献が社員の求心力を上げる戦略になること、第12章で社会貢献が消費者の評価を得る戦略になること、第13章で効果的CSRには実践構造が決定的意味をもつこと、第14章でCSRで効果を出すポイントの解説、第15章で障がい者雇用を促進するためには障がい者雇用を経営戦略化できる能力を育成したり、戦略化をサポートしたりする制度を作る必要があること、を論じています。

それでは、障がい者雇用に経営的な意味を見出している事例を見てゆきましょう。なお、社員数や障がい者の雇用人数を記してありますが、2012～13年にかけてヒアリングを行った時点のデータです。また、障がい者の人数は実際の人数であり、実雇用数（雇用率を計算するために、重度障がい者は2人分、短時間労働の場合は0・5人分などとして計算した数）ではありません。

また、社内での愛称での記載も含めて個人名を記す際には、了解をとったうえで掲載しました。

第2章 障がい者雇用で会社が変わる
―5つの事例から―

事例1 株式会社バニーフーズ
障がい者雇用をきっかけに職場環境が劇的に改善

高橋良治社長
資本金1000万円
社員数66名（うち障がい者社員数26名）

バニーフーズは、鎌倉の材木座海岸近くにある弁当屋です。デリバリー（仕出し）と店舗でのテイクアウト（個人の持ち帰り）を両方扱っており、売上の比率は8：2ほどです。

昼時になると、サーフィンを楽しむ若者が店先に座り込んでお弁当を食べている光景も見られる、地元に根ざしたお店です。近年は業績が好調で、２０１３年度は、過去最高益をあげる勢いです。事業の拡大も果たしました。

雇用のきっかけ

2名から、10年あまりで26名に

バニーフーズでは、２００３年に1名、半年後にもう1名採用したことを契機に障がい者雇用を開始。２０１０年に取引のあった障がい者施設と協力し、就労継続支援A型事業所*5として株式会社ラビーを、さらに株式会社ラパンを設立したことで、グループ3社の社員１００名のうち50名が障がい者（２０１３年9月現在）というまでになりました。

障がい者雇用のきっかけは、同社の高橋社長が、所属する中小企業家同友会という組織で障がい者を雇用して会社を立ち上げた話を先輩経営者から聞いたことです。中小企業家同友会では、障がい者雇用を進める取組みをしており、高橋社長の「アンテナ」が障がい

＊5　障がい者と雇用契約を結ばないB型に対して、雇用契約を結ぶのがA型。一般就労のための訓練も行うという目的もあるため、訓練費が国から支給され、給与の一部が補てんされるため、経営への負担も軽減される。

者雇用に向いていたところでしたので、この先輩の話が一歩踏み出すあと押しになりました。

株式会社ラビーを設立した経緯は次のようなものでした。バニーフーズでは、食材の下処理を5㎞ほど離れた障がい者施設に委託していましたが、ある時、保健所の検査で食材の運搬のために高額な保冷車を用意するように指導され、委託をあきらめざるをえない状況になります。そんな時、中小企業家同友会メンバーである仲間の社長からA型事業所を作った話を聞き、その社長のアドバイスを得ながら、先の障がい者施設と協力して、バニーフーズのすぐ近くで下処理作業ができるようにラビーを設立し、障がい者施設の方々を雇うことにしたのです。これにより障がい者雇用が大きく進みました。

経営上の効果

社内の雰囲気が変わり、仕事の質向上。業績もアップ

1 分業の効果

障がい者雇用においては、障がい者に清掃や単純作業など、健常者社員が行うメイン業務の周辺業務を割りふることがよくあります。そうすると、健常者社員がメインの業務に集中でき、効率も良くなりますし、良い仕事もできるわけです。バニーフーズでも、障がい者に、食材を切る、具材を弁当に詰めるといった比較的単純な作業や、キャベツを大量に刻み続けるといった、単純だけど手間がかかり、健常者では根気が続かないような作業を担ってもらっています。

2 社内の雰囲気の改善

当初、2名の障がい者、「のりこさん」（軽度の知的障がい）と「えみちゃん」（精神、

知的、身体の障がいがある重複障がい）を雇用しましたが、雇用した当時のバニーフーズは、女性社員の派閥ができてしまっていて、言い争いもしょっちゅう起こり、社内の雰囲気が悪く、殺伐としていました。このような職場では、良い仕事はできないでしょう。ところが、2人を雇用したところ、社内の雰囲気が優しくなったのです。

朝、のりこさんが社員一人ひとりに「おはようございます」とあいさつする態度と、まかされた洗い物の仕事がうまくできなくても、ひたむきに取り組む姿勢に、健常者社員の心が解きほぐされていきます。社員同士に互いを思いやる気持ちが生まれ、チームワークがよくなっていきます。障がい者は、存在するだけで、健常者社員に好影響を与えたり、仕事環境の改善を促したりする可能性があるわけです。実際、社員の渡部さんは、「皆が思いやりをもち、こんないい会社はない」と言います。「社員が辞めない会社」になりました。

3 接客の質の改善

社員同士が仲良くなって、にこにこしてくると、窓口や電話応対などにおける接客の質も良くなっていきます。

4 スムーズな世代交代

食材の加工を行うラビーに高齢者が移ることによって、バニーフーズの世代交代ができました。ラビーに移った高齢者は障がい者の指導者として力を発揮し、バニーフーズに残った若手も気兼ねなく力を発揮するという良い状況が生まれました。

5 業績改善と事業拡大

このような効果があれば、業績が悪いはずはありません。リーマンショック以降、急激に業績が落ち込み、厳しい経営状態に陥りましたが、低迷していた3、4年前に対して、ここのところ黒字が続き、直近の2期は、毎年15％増と、2ケタ成長です。まさに「V字回復」です。冒頭でもふれましたが、2013年度は過去最高益になる見込みです。

最近では、事業拡張のための新規投資も行いました。湘南海岸に近いという背景もあり、バーベキュー用の食材をセットで販売する事業を立ち上げ、そのための作業場を新設したのです。ただ、事業拡張の背景は、単に業績が良く資金的余裕があるということだけではありません。

手作業が中心のバニーフーズは、障がい者が適応できる仕事が沢山あります。その仕事をやってもらうために障がい者を雇用したことによって、従業員が大幅に増え、従来断っていた注文にも対応できるようになったのです。

「戦力」と考えるから、やりがいが生まれる

課題を乗り越え、得られたもの

障がい者を雇用し、上記のように順調に経営を営んでいるバニーフーズですが、ここに至るまでには、現場でいくつもの課題を乗り越えてきています。

障がい者雇用を進める際に直面した課題とそれを乗り越えるなかで、バニーフーズが得たことをご紹介しましょう。壁を乗り越えた経験は、貴重なノウハウにつながります。障がい者雇用の効果も同様で、雇用にかかわる壁を乗り越えるなかでも得られるのです。

1　障がい者が「戦力」に

障がい者は単純でも決まった仕事をコツコツやれる分、複雑な仕事や臨機応変な対応は

難しいと考えられがちです。また、特別な訓練プログラムがないといけないと考えている方も多いのではないでしょうか？　バニーフーズでも、最初は障がい者社員に単純作業をやってもらっていましたが、ともに働くなかでだんだんと「やればできる」ことに気がついていきました。

例えば、普段は健常者社員が担当している揚げ物などでも、実際にやってもらうと、普通にできるわけです。しかも、特別な訓練プログラムがあるわけではなく、いわば、ＯＪＴ（On the Job Training＝実際に仕事をやってもらいながら訓練すること）で、どんどん戦力化しているのです。

その結果、現在では顧客企業のためのメニューを考えるという業務も、障がい者社員が担うまでになっています。一度にお弁当５００個などという注文が急に来ても、障がい者社員だけで対応できています。

こうしてどんどん「まかされる」ことは、障がい者社員側の満足や、やる気にもつながります。重複障がいをもつえみちゃんは、癌になり、大変な手術を受けた後も、バニーフーズで働きたい一心でつらいリハビリを乗り越えて復帰しました。バニーフーズは、それほど、雇用されている障がい者に愛されているのです。

2 人材育成ノウハウの形成

えみちゃんは、掃除を担当していますが、やるべき作業をすぐに忘れます。そこで、作業内容をホワイトボードに記し、実施した仕事にえみちゃんが○をつけて、確認できるようにしました。

また、えみちゃんは、「頑張れ」という励ましがプレッシャーになっててんかんを起こすことがわかったため、「ありがとう」「きれいになったね」という声のかけ方に変えました。それに対して、えみちゃんは、本当にうれしそうな表情をします。働く喜びを素直に表現するのです。その喜びを与えてくれるのがバニーフーズです。だから、えみちゃんはバニーフーズが大好きで、どうしたらバニーフーズがもっと良くなるか、いつも考えています。つまり、それほどまでに会社のことを思う社員を育てることができているわけです。

なお、このような対応をしていると、健常者側に理解する力や話す力、伝える力、人を育てる力が形成され、社内に人を育てる意識やノウハウが蓄積されます。このような意識やノウハウは、健常者社員の育成にも応用できますので、障がい者に対応するノウハウがある会社は、健常者にとっても、働きやすい環境が整っていると言えます。

3 マッチングのノウハウの形成

障がいによって、合う作業/合わない作業はさまざまで、健常者よりばらつきが大きい傾向があります。しかし、マッチングがうまくいくと、健常者よりも生産性が高いと思われる場合があります。例えば、知的障がい者は、健常者では嫌になってしまう単純作業を延々と続けることが多いので、玉ねぎやキャベツを刻み続ける仕事にうってつけです。また、誠実に仕事をこなそうとするので、健常者が嫌がる掃除も一生懸命取り組んでくれます。

4 品質で勝負する姿勢

障がい者が作業をしている場合、お客様に味や衛生面で不安をもたれるかもしれません。実際には、そのような声は聞かれないそうですが、お弁当の品質やニーズへの対応には人一倍、気を使っています。安全な食材を使い、味を吟味し、量も多く、中に入れる具材についての注文(「肉なしで」「タレでなく塩コショウで」など)にも柔軟に対応しているおかげで、リピーターも多く、売上につながっています。一度は死を宣告されたほど重い身体障がいをもつ「富田さん」は、「うまいから売れる。障がい者雇用はおまけにすぎない」と言いきります。つまり、障がい者雇用を売りにせず、商品とサービスの質を売りにすることに成功しているのです。

バニーフーズの「のり弁」は、1つ800円もします。街中でよく見かけるテイクアウトのお弁当屋の「のり弁」としては、日本一高いかも知れません。しかし、それでも売れるのは、「うまいからこそ」なのです。クラシックを聞かせて育てたコメや一番摘みの柔らかく香りのよい有明ノリを使っていて、ごはんとノリだけでも実においしい「のり弁」です。

5 地域社会からの評価

また、障がい者雇用を評価しての注文もあります。障がい者雇用以降、バニーフーズに役所からの注文が入るようになったのです。最近では、社会貢献を評価して、「バニーフーズを応援したい」という顧客が目に見えて増えています。

でも、もしお弁当の味が今ひとつだったら、売上に貢献するような応援につながっていたでしょうか。あくまで品質が良いからこそ、こうした評価がついてきているのではないでしょうか。

障がい者雇用を経営上の効果につなげたポイント

まずは社長の姿勢、そしてキーパーソンの存在

障がい者を雇用し、経営的なプラスにつなげるためには、コツやポイントとなる点があります。バニーフーズの場合、次のような点をあげることができます。

1 社長の姿勢

まず、障がい者を雇用し、やりがいをもって働いてもらおうという社長の温かい姿勢です。特に中小企業は社長と社員の距離が近いので、社長がどのような方針や姿勢をもつかが決定的な意味をもつことが多いのです。

2 社員側のキーパーソンの存在

仕事がうまくできなかったり、なじめなかったりする障がい者がいるときに、アドバイスしたり、見守ったりと、支えになるような現場の社員がいたことです。現場のキーパーソンの存在は重要で、そのおかげで、仕事に就いた障がい者が辞めずにすむこともあります。経験豊富な高齢者がラビーに移る意味の1つは、この点にあったと言えるでしょう。

3 障がいに対する姿勢

どうしても仕事が合わなかったり、会社になじめなかったりといった場合、別の会社を探すよう助言することもしています。もちろん、本人や家族とよく話し合い、続けたいという意志があれば、機会を提供しています。人間が持つ可能性を引き出そうとする高橋社長の姿勢は、一貫しています。

例えば、ラビーは、「就労継続支援A型事業所」の認定を受けています。A型の認定を受けると国から訓練費が出るため、経営的負担も軽減されます。しかし、訓練費目当てにA型の認定を取ったわけではありません。障がい者を雇用し続け、障がい者の能力を活かしてもらうためです。そのような姿勢は、普段の経営姿勢や社員への対応に現れます。だからこそ、社内の雰囲気が良く、社員が「いい会社」と評価する会社になったわけです。

4 会社を取り巻くネットワーク

高橋社長が中小企業家同友会でさまざまな事例にふれたことや、仲間の励ましや助言を受けたことは、非常に重要であったと思います。ふれてみなければわからないこと、苦労した人から直接聞かなければ知りえないことがたくさんあります。問題意識や課題を共有する仲間のネットワークは、特に、人や資金の制約が大きい中小企業にとっては大きな力になると言えるでしょう。

事例
2 リプロ株式会社＆ユーユーハウス株式会社
「地域の信頼」がビジネスを支える

〔リプロ〕佐野武社長、資本金2000万円、社員数160名（うち障がい者社員数2名）
〔ユーユーハウス〕佐野幸男社長、資本金100万円、社員数37名（うち障がい者社員数34名）

リプロは、三重県四日市市で「天然温泉ユーユー・カイカン」という日帰り温浴施設を運営している会社です。温浴施設の館内には、地物の野菜やお土産を売る「市《いち》」が立っていたり、旅芸人一座が毎日公演したり、ゲームセンターがあったりと、地域の人々が集うコミュニティーの場として活気にあふれています。この施設では、2名の精神障がい者が、入浴客が使用するタオルなどを洗濯するリネン室で働いています。

一方、ユーユーハウスは、2009年に設立された就労継続支援A型事業所です。温浴施設のすぐ前にあるビニールハウスで、温泉と井戸水を温度調整用に利用して、シイタケやキクラゲ、ヒラタケ、イチゴなどを栽培しています。肉厚でうまいと評判が高いシイタケは、入浴客の食事に出され、また、イチゴはとても甘くて立派で、農家が作ったものとそん色なく、温浴施設内で販売されるだけでなく、レストランやケーキ屋にも卸されています。

2社は一体と言ってよく、1つの会社の温浴施設運営部門と食材生産部門とイメージしていただけるとよいと思います。リプロには、ユーユーハウスで働く障がい者を、リプロが雇用していると思っている社員もいるほどです。障がい者雇用の現場として、いい関係が作られています。

雇用のきっかけ

全国最低の障がい者雇用率を何とかしたい

佐野幸男ユーユーハウス社長兼リプロ会長（前社長）が、障がい者を雇用する会社を作りたいと、ユーユーハウスを設立したのがきっかけです。

佐野社長にその決断をさせたのは、当時、景気低迷で三重県の有効求人倍率が悪化するとともに、障がい者雇用率が全国で最低だったことです。雇用の場を提供することが企業の使命であり、それが地域の未来につながるという信念のもと、そのような現状を自ら変えたいと行動を起こしたのです。

何をする会社とするか考えるなかで、「生き物を育てることで、生きるということを感じてほしい」という思いから、農業を会社の業務にしようと決めました。農業には相応の初期投資が必要ですが、社長は思い立ったら居ても立ってもいられない性格で、助成ももらわず、リプロ社長を退いた際の退職金をつぎ込んで、自己資金で設立しました。

この思いは実を結び、働く障がい者の表情が自然にふれるにつれ豊かになったり、ある従業員はイチゴ栽培にかかわるなかでイチゴへの愛着や仕事への責任感が生まれ、「私がいないとイチゴがダメになる」と言って仕事に取り組むようになります。

経営上の効果

高品質の食材を提供し、地域の信頼も高める

リプロおよびユーユーハウスで働く障がい者は、両社に次のような経営上の意味をもたらしています。

1　障がい者が戦力に

ユーユーハウスでは、キノコを育てる苗床を作り、菌を植えつける作業から収穫まで一貫生産で行っており、温浴施設のレストランに新鮮で質の良い（肉厚の）食材を調達することができています。

このほかにも温浴施設の客や外部のレストランなどに作物を販売したり、干したシイタケをパックしたものを、障がい者が葬儀を執り行うという取組みをしている社会福祉法人「伊《い》勢《せ》亀《き》鈴《れい》会《かい》」に弔問客への「お返し用」として販売したりすることによって、単体での収支でもトントンになって（採算がとれて）います。

障がい者を労働力として使い、しかも、農業を行って、収支がトントンにまでなっているということは、注目すべきことです。障がい者を使うということだけでも、大変そうだとお思いになる方も多いでしょう。しかも農業です。簡単に収益を上げられる領域ではありません。

それは、逆に言えば、組織内ミクロ労働生産性の面で、障がい者のパフォーマンスを引き出している成功例と言えるでしょう。

2 地域の信頼

リプロでは、屋根つきのフットサルコートを2面もっていて、地域の子どもたちのためにサッカー教室を開催したり、施設内にNPO用インキュベーションエリア（NPO用の活動空間です）を設置したりと、障がい者雇用以外に、地域貢献のためのさまざまな取組みをしています。そのおかげで、地域の住民や行政のリプロに対する評価が高く、信頼関係を作ることに成功しています。地域の温浴施設ですから、地域との信頼関係は不可欠です。

地域との信頼関係の形成にあたって、NPOとの連携は重要です。なぜかというと、NPOは、子育て支援や独居老人支援など、地域との結びつきが強く、信頼を得ています。そのNPOが温浴施設内に事務所をもったり、会合を開いたりすれば、おのずと地域の信頼がリプロにも向くことになるわけです。

3 社員のモチベーションアップ

地域の信頼や評価を得ることを背景として、特に若い社員の仕事に対する姿勢が違ってきています。つまり、地域の信頼を裏切ってはいけない、自分の行動一つひとつが会社の信頼につながっている、という意識が出てきて、普段の行動も変わってきています。リプロで社会貢献や障がい者雇用を一手にカバーするリプロ地域活性化推進室長の高山功平さんは、「社格に人格を合わせようと努力するようになった」と言います。姿勢を正した社員は、管理コストも安かったり、良い仕事ができたり、会社のイメージを良くしたり、という効果を生み、重要な意味をもちます。

4 消耗戦の回避

地域の評価と信頼を得ることで、消耗戦となる価格競争を避けることができています。他社と同じような商品しか提供できていない場合、価格競争に陥り、原価を回収するのがやっとという状態になりかねません。しかし、障がい者雇用をはじめ、リプロが行うさまざまな地域貢献の試みは、入浴サービスに付加価値を上乗せする、ないし、会社の価値を上げることになり、無理な価格競争をしなくてすんでいます。

ユーユーハウスでは、キノコやイチゴの生産が軌道に乗るまで苦労もありました。

障がい者の成長はゆっくりです。教えたことを翌日忘れていることもよくあります。そこで、扱いが難しい繊細な果物であるイチゴの扱い方や、シイタケの収穫のタイミングを繰り返し指導しました。さらに、障がいによって、明るい場所が苦手、人と接することが苦手などの個性があり、作業環境によっては、作業に入りにくい場合もあります。そこで、作業に入っていきやすいよう、それぞれの個性に合わせて作業環境を整えるようにしました。

さまざまな課題がありましたが、シイタケの栽培事業が回り始めると、次第に解消してゆきます。次に、リプロ／ユーユーハウスが課題を乗り越えるなかで得たことを見てゆきましょう。

課題を乗り越えるなかで得られたこと

障がい者に信頼される職場を作る

1 職場の雰囲気がより良く

ユーユーハウスの精神障がい者2名をリプロのリネン室で雇用するにあたっては、リネン室の健常者社員から、「受け入れる自信がない」「傷つけてしまったらどうしよう」という声があがりました。

それまでの段階で、週1回ほど指定外就労で試験的に作業に入ってもらい、1年間かけて適応できるかどうかを見てもらいましたが、やはり雇用するとなると不安があるわけです。

しかし、高山さんが、「障がいを個性と考えてほしい。特別なことは何もしなくてもよい」とアドバイスしたこともあって、受け入れることとなりました。案ずるより産むが易しで、すぐに職場にとけこみ、現在では、リネン室の社員は皆、笑顔で仕事をしていますし、社内でチームワークが最も良い職場になっています。障がい者社員が職場の雰囲気を良くしているのです。

2 マッチングにより生産性アップ

ユーユーハウスでは、適材適所を心がけることによって、質の高い農産物を生み出しています。障がい者の個性は多様ですので、それに合わせた作業を割りふることが必要です。知的障がい者は、作業をわかりやすく設計することが必要です。シイタケは、傘の開き具合で収穫しますが、それを習得することが難しい場合、印をつけた定規を当ててそのサイズを超えたら収穫する、慣れてきたら開き具合で収穫する、という工夫をしています。

このほかにも、暗い所での作業が向いている、人との接触がないほうがよいなどといった個人個人の特性に合わせて、作業を割りふっています。

さらには、その日の体調もチェックしたうえで、作業の割当てを決めています。例えば、元気いっぱいでハイテンションのときは、かえって要注意です。頑張りすぎて、体調を崩し、翌日から仕事ができなくなることさえあるのです。そんなときは、頑張りすぎないよう気を配って仕事を割りふっています。

もともと、シイタケの栽培には多様な仕事があるので、マッチングを見出しやすいというメリットがあるのです。

3 障がい者との信頼関係の形成

高山さんは、働いている障がい者の信頼を得ることを目指してこれまで仕事をしてきました。

障がい者を取り巻く環境は必ずしも良いとは限らず、健常者との軋轢《あつれき》が生じることもあります。そういった背景もあり、障がい者は、自分の生活環境内にいる健常者の姿勢をよく観察しています。しかも、障がい者間の情報ネットワークは驚くほど密につながっており、情報は瞬く間に職場や地域の障がい者にも共有されていきます。

そのため、1人の信頼を得れば、皆から信頼を得ますが、1人の信頼を失えば、皆の信頼を失うという事態が生じます。そこで、高山さんは、障がい者との信頼関係を作ることに心を砕き、常に障がい者の理解者であることをわかりやすく伝えようとしています。その甲斐あって、雇用されている障がい者は、高山さんを「気さくな人」と評するようになり、親しみを込めて「はげつるぴっかん」と呼びます。ちなみに、その愛称は、サッカー教室に来る子どもたちにも親しまれています。

4 経営と福祉の両立

運営の初期には、福祉的視点をもつサービス管理責任者*6と企業的視点でアプローチする会社側との間で行き違いもありました。シイタケは朝夕に発生しますから、収穫も朝夕に行われます。ときには一斉に発生し、大量に収穫せねばならないときもあります。しかし、福祉的視点から障がい者の身体への負担を考えると、長時間にわたって作業させることはできません。その結果、収穫しなければならない大量のシイタケを収穫できなかったこともありました。

また、年末年始に全員長期で休暇を取るという話が出たこともありました。人が休んでいてもシイタケは成長しますから、休業中に収穫を迎える大量のシイタケを収穫できない可能性があります。その際は、佐野社長が障がい者社員に対して「シイタケが『我慢するからいいよ』と言ったら休んでいいよ」と説得し、交代で様子を見に出社することで落ち着きました。

現在は、シイタケの収穫については、早番と遅番を作り、朝夕の収穫に対応するなど、福祉的視点をもつサービス管理責任者が企業の考えに歩み寄り、企業的視点の会社側が福祉の考えに歩み寄り、お互いに調整を図って、作業にも支障が出ていませんし、障がい者もやりがいをもって働いています。

福祉側と企業側の視点が対立するという話をよく耳にしますが、それぞれの立場を理解しつつ、歩み寄る姿勢が大事なのです。

5 新規事業創出

「自社には障がい者向けの仕事はない、切り出すのが難しい」という企業も多いなか、ユーユーハウスでは障がいという個性を活かす事業はないかと、いつもアンテナを張っています。

その結果、2013年夏には、前出の「伊勢亀鈴会」との新たな連携事業が展開し始めました。事業名は、「独居老人の課題解決を目標とした引受け屋『まかせた君』」です。障がい者を軸にしたネットワーク連携の良い事例なので、少し説明しておきましょう。

三重県でも、独居老人は少なくありません。高齢のため、庭や盆栽の手入れも大変ですし、電球の交換すら容易でないこともしばしばです。そこで、そのような仕事を障がい者

＊6　就労継続支援A型事業所には、一定の資格要件を満たした「サービス管理責任者」を置かねばなりません。サービス管理責任者は、福祉関係の実務経験と研修受講が必要で、基本的に、障がい者を守る、無理をさせないという福祉的視点をもつ傾向が指摘できます。

が安価で引き受けるようにしたのがこの事業です。

しかし、この仕事の意味は、それだけではありません。独居老人宅を訪問することによって「見守り」が可能になりますし、高齢者の様子を、離れて暮らす家族や親せきに伝えることができます。一方、人はいつか永久の眠りにつきます。その際、普段から出入りしていたことで、遺族の信頼を得て、遺品の整理業務をまかせてもらうこともできます。さらに、「伊勢亀鈴会」と連携して、葬儀の手配をすることも可能です。障がい者が軸となって、ネットワーク型の企業間連携が実現するのです。

障がい者雇用を経営上の効果につなげるポイント

社長の思いとそれを実現するキーパーソン社員

1 社長の姿勢

行動力や姿勢、考え方から、ユーユーハウスを設立した佐野社長が経営側のキーパーソンと言えます。社長なくして、当グループの取組みはなかったでしょう。

2 社員側のキーパーソンの存在

リプロ地域活性化推進室長の高山功平さんは、社員側のキーパーソンと言えるでしょう。高山さんは、当初、フットサル教室の立上げをサポートするためにリプロに1か月だけの予定でやってきます。その後、リプロに正式採用されますが、障がい者がもっと活躍できるように地元企業と連携しようとか、「風呂大学」と称する公開講座を作り書道家や陶芸家など地域の「人財」を活用して入浴客に喜んでもらおうとか、NPOにも喜んでもらえ自社にとってもよいインキュベーションエリアを作ろうとか、さまざまなアイデアが常に頭に上がってきます。そしてそれを見事に実行に移していきます。

障がい者雇用がうまくいっている会社の社員側のキーパーソンは、障がい者を温かく見守る面も必要ですが、それに加え、全体を見ながら新たな関係やつながり、仕組みを考える構想力や、それを実現する力に長けていることが往々にして見られます。障がい者を雇用して成果を出すノウハウや仕組みは確立していないので、取り組む企業が自ら見出したり、関係やつながりを作り出したりせねばなりません。そのために構想力や実現力が必要なのです。

ちなみに、高山さんは、小さい頃、いろんなシチュエーションを考えながら、レゴブロックでよく遊んだそうです。怪獣と戦う地球防衛軍の基地を作るとすれば、大きさはどれくらいか、どんな形をしているのか、どんな怪獣と戦うのか、そのためにどんな機能や武器があるのか、どんな隊員がいるのかなど、子どもながらも全体と各部分のすべてを見渡した設定が必要になるのです。それが、構想する力を生むベースになったのではないでしょうか。

さらに重要な点は、ユーユーハウスを立ち上げた佐野社長の思いや考え方を深く理解し、それを現場の実践に落とし込んだらどのようになるかを、よくわかっていることです。経営理念の落とし込み（ないし浸透）が大事だとよく言われますが、経営側の働きかけだけでは、なかなか落とし込み（浸透）はできません。社員にも、社長の思いや経営理念を実践的に理解する姿勢や能力があることが大事です。

なお、このような能力を見抜いて本採用したのは佐野社長です。その意味でも、佐野社長が経営側のキーパーソンであることは疑いえないでしょう。

3 マッチングを大切に

適材適所の実践です。毎日の仕事の割当ても、その日の体調で変更するという徹底ぶりです。無理をさせると、翌日出社できないこともあり、会社にとっても、本人にとっても、重要なポイントです。

事例

3

株式会社羽後鍍金《うごめっき》

黒岩順一社長
資本金2000万円
社員数20名（うち障がい者社員数5名）

障がい者を戦力にできる会社は強い！

羽後鍍金は社名にもあるとおり、「メッキ（鍍金）」の会社です。横浜市金沢区の工業団地の一角に立地しています。社員の4人に1人が障がい者です。障がい者を雇用しても、すぐに辞めてしまうという悩みを聞くことも多いのですが、これまで、障がい者が辞めたことがないという会社です。リーマンショックの際も、障がい者を解雇していません。それだけ、重要な戦力になっているのです。

雇用のきっかけ

バブル時代の人材難

１９８０年代のバブル経済の時代、求人をしても中小企業にはなかなか人材が集まりませんでした。そのようなとき、積極的に障がい者雇用を進める経営者仲間に勧められたのが、障がい者の雇用を始めたきっかけです。

中小企業には余力はありませんので、社員全員がそれなりの戦力にならないといけません。これまで障がい者雇用の経験がなかったので、果たして障がい者が本当に戦力になってくれるのか不安がありましたが、養護学校から実習生を受け入れてみると、実に真面目に働きます。そこで、雇用をさらに進めることになりました。１９９０年のことです。

経営上の効果

障がい者を戦力にして黒字を継続

1 障がい者が戦力に

障がい者が重要な戦力になっています。障がい者を雇用して20年以上も経営を継続していることからもわかります。もちろん、雇用するだけで戦力になるわけではなく、社長や専務、健常者社員が工夫や努力をして、戦力になるように育てています。

その結果、勤続年数が長く、作業の習熟度も高いため、複雑な機械を使いこなす社員や、重要な部品の加工をまかすことができる社員もいます。前者の場合、2人で行う作業の際、社長が手伝いに入っても、社長のほうが補助に回るほどです。

2 好調な業績

上記の様子からも想像できますが、業績は好調です。ここのところ黒字で、3期連続黒字も達成しています。いくら経済状況が悪くても、そのような企業もあるだろうとお思いの方もいらっしゃるかもしれませんが、メッキ業界の厳しさを知る者にとっては、驚異的とも言える業績です。どれほどメッキ業界が厳しい状況かというと、１９８９年の「神奈川県メッキ工業組合」の組合員数は１０７社でしたが、２０１２年は62社へと激減しています。ほとんどが廃業です。

黒岩勉専務は、羽後鍍金が厳しいメッキ業界のなかで元気な経営を達成できているのは、障がい者社員を含めた従業員の努力のおかげだと、明言しています。

課題を乗り越えるなかで得られたこと

丁寧に教えるなかで高品質を実現

1　マッチングによる戦力化

障がい者は、健常者に比べて個性の多様性が大きい傾向がありますが、そのため、仕事のマッチングが難しいことが多々あります。羽後鍍金では、育て方と仕事へのマッチングに気をつけています。

まず、育て方に関しては、「子どもを育てる感覚だ」と、黒岩社長は言います。個性が多様ですから、同じ教え方はできません。そこで、相手の性格を把握し、相手に合った作業の教え方を工夫します。例えば、叱らないとわからない人もいれば、叱るよりおだてると効果が高い人もいます。

また、仕事を休みたいという衝動が定期的に起こり、おなかが痛いなどさまざまな理由をつけて欠勤する社員がいました。そのため、羽後鍍金に来るまでに勤めた会社はどれも長続きせずに辞めていました。しかし、黒岩社長は、それを個性と受け止め、おなかが痛いのであれば、まず会社に来なさい、会社から医者に行こうと、とにかく出社させるなどの取組みをしました。そのおかげで、その社員は、20年間勤め続けています。

このようなきめの細かい対応をすることで、信頼関係が生まれ、結果的に、仕事も休まず、辞めずに長くいてくれることになるわけです。

また、実習のなかで、会社に合うかどうか、どのような作業に向いているか、どのくらい能力があるかを見極めます。見極めたうえで採用しますから、適材適所が可能になります。その結果、ミスマッチもなく、作業効率も良いですし、本人のやる気にもつながり、辞めることもないわけです。そのため、ジョブコーチ[*7]がついたこともありません。もちろん、仕事に合う人がすぐに見つかるとは限りませんので、たくさんの障がい者を実習で受け入れて、仕事へのマッチングを見ています。

2 安全な作業環境

健常者にも作業しやすい環境になったことが指摘できます。メッキは、手作業も多く、薬品の温度が高くなるなど、危険な作業もありますが、助成金によって安全面に配慮した設備を導入することができ、作業環境を改善することができました。健常者にとっても、安全性が高い設備であれば、作業がしやすいでしょうし、安心して作業ができます。労働災害を防ぐことができているとすれば、会社にもプラスになっています。

3 品質で勝負する姿勢

これまでの事例と同様、製品の品質で勝負しています。顧客が求めているのは、メッキ

＊7　職に就いた障がい者が仕事を続けられるように、障がい者の相談に乗ったり、経営者に助言をしたり、両者の間の調整をしたりといったことを行います。

の品質です。その品質は、戦力になるように障がい者を育てているからこそ可能になっているのです。おかげで、顧客から悪い評価は聞こえてきていません。社会性があっても、メッキの品質が劣れば、顧客の満足を得ることはできません。羽後鍍金では、顧客に会社の説明をする際、障がい者を雇用しているという情報を伝えますが、それを売りにしてはいません。しなくとも、品質が良いので売れるのです。

障がい者を戦力になるように育てている羽後鍍金ですが、健常者社員が自分より作業ができない障がい者がいることによって安心してしまうとか、健常者には、高いレベルのことを習得してもらわねばならないのに、つい初歩的なことを教えてしまう、といった課題もあります。

障がい者雇用を経営上の効果につなげるポイント

障がい者を特別扱いせず、可能性を信じる

障がい者を雇用し、20年も経営を継続している背景には、それを支えるコツやポイントがあります。

1 社長の姿勢

まず、社長の姿勢です。面倒な障がい者も簡単に切らず、辛抱強く付き合います。これが、障がい者を戦力にまで育てるコツですし、勤め続けさせる秘訣と言えます。社長の前向きに取り組む姿勢が成果を生むとも言えます。

例えば、羽後鍍金は、ＢＣＰ（Business Continuity Plan）*8にも取り組んでいます。当初、災害対策にすぎないと思っていたので、取り組んでいませんでした。コストを切り詰めなければならない中小企業にとって、１００年に1度、１０００年に1度の災害のために、人や資金を割こうという気にはなりにくいわけです。しかし、社長が工業団地の副会長をしていることもあって、横浜市からやってみないかと声がかかったことをきっかけに取り組んでみると、災害対策ではなく、まさに経営戦略であることに気づきます。取組みをしていることで、顧客に安心してもらえるという点もありますが、業務上の効果もあります。つまり、注文がないためにラインが止まったとき、工夫して材料や人を他のラインに回すことによって、ロスをなくすことができたのです。災害や事故でラインが止まる

*8　事業継続計画と訳します。災害や事故など不測の事態が生じても、事業に支障が出ないように、遠方の同業者などに業務を引き受けてもらえるようにする場合がよく見られます。

のも、注文がなくてラインが止まるのも同じだということです。

やるのであれば前向きにしっかりやる。だから成果が出るのです。しかも、工業団地の副会長などを積極的に引き受けることで、役に立つ情報が集まってきています。役に立つ情報に基づいて、しっかり取り組むので、成果が出るのです。

2 平等な処遇

現場で障がい者の対応を仕切っているのは、専務の黒岩勉さんですが、社内全体が協力的です。社員旅行に行っても、自然に誰かが障がい者の面倒をみています。社内の人間関係や雰囲気がいいことがうかがえます。しかし、ハローワークに出す求人の会社説明欄には、障がい者を雇用していることを記しておらず、障がい者の扱いに慣れている者を採用しているわけではありません。ポイントは、障がい者も含めて、仕事内容も同じ、処遇も平等、社員間を差別しないという方針です。処遇に格差を導入すると、インセンティブになることもありますが、社員間の良い関係が壊れる危険があります。成果主義がよい例です。確かに、社員の良い関係が見られる会社は、年功序列制を維持したり、社員間に大きな格差が生じないように配慮したりしていることがよくあります。

3 マッチングの徹底

障がい者と仕事とのマッチングを見抜くアンテナを張ることです。黒岩社長は、「障がい者ができる仕事はいくらでもある」と言います。既存の作業に合うかどうかだけではありません。社内の仕事や作業内容を整理してみると、障がい者にできそうな仕事や障がい者が作業しやすくするための工夫が見えてくることがよくあります。

4 会社を取り巻くネットワーク

黒岩社長にアドバイスをした、障がい者雇用に積極的な経営者との出会いです。成功経験や失敗経験、大事なコツやノウハウといった生の情報を得るには、直接の人間関係が大事です。

事例
4 甲斐電波サービス株式会社
障がい者を包む人間関係が会社を成長させる

甲斐彰浩社長
資本金1000万円
社員数10名（うち障がい者社員数1名）

ＯＡ機器の販売やインターネット設備の構築などを行っている大分県の会社です。販売のための営業が主な仕事となる営業会社であるため、障がい者の仕事はあまりないと思われ、雇用は難しいとされることが多いのですが、知的障がい者を雇用しています。

同社は携帯電話の販売で成長しますが、会社の成長に中身がついていかず、さまざまな不祥事を引き起こします。売上が落ち、経営が悪化し、倒産の可能性すら見えてきます。その状況を救ったのが、実習に来た1人の障がい者でした。

雇用のきっかけ

実習生の受け入れ

甲斐社長が会員になっている大分県中小企業家同友会から、障がい者の職場実習をしないかという案内のＦＡＸが届いたことが、雇用への糸口となりました。それまで中小企業家同友会の集まりに出るなどして、障がい者雇用の取組みについて耳にしていたこともあって、承諾のＦＡＸを送ったところ、２回目の送信後に、養護学校の先生から連絡があり、２００４年に実習生を受け入れることになります。２年間にわたって、その実習生を５回受け入れ、結局、雇用することになります。

経営上の効果

冷えきった会社の雰囲気を障がい者が変えた

障がい者の存在は、甲斐電波サービスにとって、会社の再生に不可欠でした。社員を売上の道具としてしか思っていなかった社長が変わります。冷えきっていた社内が温かな雰囲気になります。

1 コミュニケーションの活性化

阪神淡路大震災の直後、大阪の被災者が通信手段に窮していることを聞き、現地に飛んでゆき携帯電話の無料レンタルを行ったことを契機に契約が伸び、会社が急成長します。しかし、成長に社内の体制が追いつかず、社員教育も十分にできません。その結果、契約額と売上金の合計が合わない、個人情報を紛失するなどの問題が生じます。

甲斐社長は、社員を信じられなくなり、色眼鏡で見て、コミュニケーションをとらなくなります。さらに、社員を売上の道具としてしか見ず、売上をどれだけ上げたかで社員を評価する成果主義で社員を縛ります。そこにあるのは、人を育てるという観点ではなく、自分の指示は絶対、社員は指示した仕事ができて当たり前、できなければやめていけ、という経営姿勢です。こんな会社では、社員の定着が悪くなって当然で、入れ替わりが激しくなります。そうなると、最低限必要な研修さえも大変になり、社員を育てるに至りません。悪循環です。

その結果、当然のことですが、トラブルが一挙に押し寄せてきます。得意先から取引を停止されたり、裁判沙汰になったりしました。成果主義の下で、コミュニケーションが途絶え、社内は凍りついた状態になります。居心地がいいと思う者はいなかったでしょう。

ちなみに、成果主義は、各人の成果を求めます。したがって、社員相互のつながりを切り離して、単体で見ることになります。つまり、社員同士が競争相手です。競争相手を利する情報をうっかりしゃべってしまえば、相手が高い評価を得る成果を出しかねません。しかし、情報を与えた自分は評価されません。自分が与えた影響で他の社員が良い仕事をしたり、労働生産性が上がったりしても、つまり、自分が組織内マクロ労働生産性を改善しても、評価されないのです。当然、社員間のコミュニケーションはなくなります。コミュニケーションがなくなれば、業務にかかわる重要な情報のやりとりや共有に支障が生じます。足の引っ張り合いも生じてきます。このような職場では、業績は上がりません。しかも、甲斐電波サービスでは、不祥事のせいでどんどん業績が下がり、甲斐社長の脳裏には、倒産の文字も浮かぶようになります。

知的障がい者の「せいけ君」が研修にやってきたのは、そんなときでした。社長が会ってみると、明るく元気な高校生です。キーボードが使えたので、データ入力をしてもらうことになりましたが、昼休みの時間になっても、こちらから声をかけないと作業をやめないほど、熱心に仕事をします。せいけ君が来るとほどなく、社内に大きな変化が生まれました。

甲斐社長の方針で、昼には営業職が会社に戻り、みなで昼食をとることになっていました。ただし、社内は冷えきっていますから、会話もありません。楽しい食事とは言いがたかったでしょう。しかし、せいけ君がいると、会話が生まれ、社員に笑いが起きるのです。しかも、昼食時以外でも、せいけ君を囲んで、社員間に会話が生まれていきます。甲斐社長と社員の間にも会話が生まれます。せいけ君の存在が社内のコミュニケーションを促すことになり、社内の雰囲気が良くなっていきます。コミュニケーションがスムーズにいくようになると、重要な情報のやりとりや共有も可能になっていきます。

2 社長と社員の信頼関係の創出

甲斐社長と社員の間の信頼関係を作ることができるようになっていきます。障がい者が作業をしたり、物事を習得したりするのは、ゆっくりです。すると、せいけ君と接するなかで、甲斐社長が、人や物事の小さな変化に気づくようになります。健常者社員と接していても、その社員の小さな変化に気づき、評価し、ほめることができるようになります。小さな変化がわかるほど自分を気にかけていて、ほめてくれるとなると、甲斐社長を見る社員の目も変わります。甲斐社長と社員の間に信頼関係が生まれます。そうすると、社員に仕事をまかせることもできますから、仕事に対する社員の姿勢も違ってきます。社員から建設的な提案も上がってきます。甲斐社長に対する求心力も高まります。悪循環が好循環に変わります。

3 人材育成のノウハウの形成

これまで、売上の道具としてしか見ていなかった社員を見る見方が変わり、お互いに信頼関係ができると、社員の立場で考えることができるようになります。そうなると、なぜ次々と社員が辞めていくのかが気になり始めます。甲斐社長が出した答えは、冷えきった会社だからというだけではありません。会社に勤め続ける理由がないから、社長である自分がその理由を与えることができていないから、ということでした。そこで、採用時の面接に重点をおき、1人90分の時間をとり、業界内における会社の立ち位置、これからの方向性、そのなかで面接に来た求職者に、社員になったらまかせたいこと、そのためにどのように成長してほしいか、などを説明します。そうすると、みるみる求職者の目の色が違ってきます。社員を育てようとすると、育て方もわかってくるのです。そして、社員が自ら育っていこうとするのです。

4　4期連続の黒字

こうして今では、社員が辞めない会社になりました。しかも、2013年1月の時点で、4期連続黒字を達成しています。社内のコミュニケーションが良く、信頼関係があり、人を育てる姿勢とノウハウがある会社は、働きやすく、働く意欲も出るので、社員も勤め続けたいと思うでしょうし、会社の業績もおのずと上がるわけです。

課題を乗り越えるなかで得られたこと

障がい者の存在を生かすなかで新しいビジネスまで生まれる

1　業務の流れの改善ノウハウの形成

甲斐電波サービスでは、雇用するまでにせいけ君の実習を5回受け入れます。5回目の実習の際、せいけ君に何ができるか、会社の業務の流れを図にして整理してみたところ、できそうな仕事がいくつも見えてきました。営業が主の会社でも、知的障がい者にやってもらう仕事はあるわけです。

しかも、このような業務の見直し作業は、健常者社員にとっても意味があることです。つまり、そもそも障がい者に対応するためでなくとも、企業においては、もっと効率的なやり方はないか、事故や問題の種を放置していないかなど、業務の構造や流れを見直す作業は重要です。障がい者に対応しようとすることをきっかけに、その作業ができたことになります。

2 コミュニケーションの活性化

社員からも、せいけ君にはこれができるんじゃないかと、提案があがります。せいけ君は、このような形でコミュニケーションの軸になっていることがわかります。

3 新規事業の創出

業務の見直しの際、社員からの提案のなかに、新しい電話を設置した際に、無料で引き取ってきた電話機をせいけ君にきれいに磨いてもらい、それを中古で販売したらどうかという提案がありました。せいけ君が、電話機の掃除が上手であったため、気がついた業務です。これがうまくいきます。元はタダです。一方、買う側にとっては、中古といってもまだきれいで、掃除をし、一部の部品を入れ替えれば新品同様です。それが、新品の5分の1ほどの値段で買えます。起業したばかりで資金の余裕がない会社に喜ばれたのです。障がい者の仕事を探すなかで、新たな収益業務を開拓したのです。

障がい者雇用を経営上の効果につなげたポイント

受け入れに前向きな社員と社長のコミュニケーション

1　社長の姿勢

甲斐社長の存在です。自ら、自分はひどい社長であったと語りますが、中小企業家同友会の会合や活動に積極的に参加し、経営者として学びを得ようとしていますし、障がい者の実習に関心を寄せ、受け入れを決めたのも社長です。それまでの自分を反省し、よい会社にしていっているのも甲斐社長です。

甲斐社長が、障がい者の素養を会社の改善につなげるアンテナをもっていたと言えるでしょう。また、甲斐社長は、雇用時に知的発達が小学校1〜2年生程度であったせいけ君に、漢字の読み書きや算数のドリルの宿題を毎日課し、今では、小学校5〜6年生程度にまでなりました。運転免許の取得のために自動車学校に通うほどです。社員を育てようという甲斐社長の前向きな姿勢が感じられます。

2 社員側のキーパーソンの存在

障がい者の受け入れに前向きな社員の存在です。5回目の実習後、養護学校の先生から雇用してほしいと強く要請されますが、どちらかというと雇用に消極的であった甲斐社長は、社員に相談します。独断専行であった甲斐社長が社員に相談すること自体、大きな変化ですが、断ることに対して罪の意識があったのでしょう。社員から「やめたほうがよい」という答えが返ってきたら、それを理由に断ろうと思っていたのです。

しかし、社員からは、「せいけ君は、こんな能力があるからこんなことができるのでは」「こんなことをやってもらえば助かる」といった非常に前向きの回答が返ってきます。5回の実習で、せいけ君が社員にすっかりとけこんでいたこともありますが、聞けば、ボーイスカウトのボランティアで障がい者と接していたので違和感がないだとか、小学校の時に障がい児と一緒に学んだ、という話が返ってきました。

社員たちに、人生のなかで障がい者と接触した経験によって、障がい者の能力や可能性を見るアンテナが張られていたと言うことができるでしょう。

なお、甲斐社長は、社員のこのようなプライベートな経歴を知りませんでした。わずかしか社員がいないにもかかわらず、把握できていなかったのです。甲斐社長と社員の間でいかにコミュニケーションがなかったか、距離があったか、うかがい知れます。

3 本人の思い

甲斐電波サービスで働きたいという本人の思いが大きいでしょう。それゆえに、研修を通して、社員にもとけこみ、受け入れやすくなったという面が指摘できます。

4 会社を取り巻くネットワーク

さらに、甲斐電波サービスに対して、熱心に実習や雇用を勧めた養護学校の先生の熱意です。助成の資料を持参して、使えそうな助成を提案するなどもします。その熱意に、甲斐社長が押しきられたような側面もあります。養護学校の先生の尽力がなければ、せいけ君は、甲斐電波サービスに雇用されなかったでしょうし、甲斐電波サービスが今の姿になることはなかったでしょう。

事例
5 プルデンシャル・ジェネラル・サービス・ジャパン有限会社

椎名政一社長
資本金3000万円
社員数27名（うち障がい者社員数18名）

親会社には頼らない！

プルデンシャル・ジェネラル・サービス・ジャパン（以下、ＰＧＳＪと略記します）は、プルデンシャル生命保険株式会社の特例子会社で、知的障がい者をはじめとした11名の障がい者スタッフと4名の健常者スタッフからなる「菓子工房ＷＩＴＨ」でクッキーを製造しています。ＰＧＳＪでは、プロのパテシエやデザイナーが無償で協力したり、「上福岡障がい者支援センター21」が運営する「くまのベイカーズ」が箱詰めを担当したりと、他の組織との連携に優れた能力を発揮しています。

なお、特例子会社というのは、業務内容などの点で、親会社で障がい者を雇用しにくい場合に、子会社を作ってそこで障がい者を雇用すれば、親会社の雇用率に算入してよいと、厚生労働省から認められた子会社のことです。

したがって、親会社は、特例子会社を維持しないと法定雇用率をクリアできませんから、たとえ製品やサービスの品質が今ひとつでも、特例子会社のものを買い上げたり、使ったりしていることがよくあります。つまり、親会社の負担で維持されているわけです。そうすると、本書の主旨に照らしてみた場合、特例子会社というのは、ちょっと違うのでは、とお思いになる方もいらっしゃるかもしれませんが、ＰＧＳＪの場合、ここに登場する意味があるのです。

親会社には頼らないという確固とした方針をもち、独立した経営を実践しています。その意味で、特例子会社というより、１つの中小企業として注目すべき会社なのです。

設立のきっかけ

親会社に頼らない特例子会社として

ＰＧＳＪは、プルデンシャル生命の法定雇用率を確保するために、２００６年に設立されました。設立と経営の責任を負った椎名社長は、製品の販売先として、プルデンシャル生命のライフプランナー（保険を販売したり顧客の相談に乗ったりする営業職です）にターゲットを絞ります。ライフプランナーは、自費で購入した手土産を顧客に持っていくことがあるので、手土産として持って行ってもらえるものを作ろうと考えたのです。

ただ、「プルデンシャル生命に負担をかけない経営」を方針としたことが大きな壁となります。ライフプランナーが自費で購入するのであれば、親会社には負担をかけません。つまり、「手土産として最も魅力的なものを選んだら、特例子会社が作った製品だった」ということであれば、ライフプランナーは、必要なものが手に入り、ＰＧＳＪは親会社に負担をかけず売上を上げることができる、というWIN-WINの関係が生まれます。

しかし、手土産として使い物にならず、売れ残ったものをお情けで買い上げてもらうのでは親会社に負担をかけることになります。

ライフプランナーに選んでもらえるものを作らねばなりません。市場での競争に耐えうる製品が必要です。あらゆる商品が競争相手です。しかし、良い案はそう簡単に浮かびません。

そこで、ヒントを得ようと、椎名社長は、毎日渋谷界隈をぶらぶらします。ある日、街を行く女性がお菓子の袋を持っていることが多いのに気づきます。そうです。クッキーです。それほど日常的に購入されているものであれば、手土産として喜ばれるでしょう。しかも、クッキーの生地をこねる作業なら、パン生地をこねる作業同様、障がい者の作業所でよく行われていますし、焼いた製品は日持ちします。そこで、クッキーの製造へと目標を定めます。現在では、もう少し販売できれば、トントンになる（採算がとれる）ところまで来ています。

「トントン程度か」と思われるかもしれませんが、障がい者を多数雇用する特例子会社が親会社に負担をかけず、自力で採算ラインにもって行くことは大変なことです。そこには、相当な努力や工夫、成功の秘訣があることがうかがえます。

経営上の効果

雇用率達成だけでなく営業にも貢献

1 法定雇用率の確保

障がい者雇用で得られたメリットは、まず、特例子会社ですから、親会社の法定雇用率をクリアすることに貢献している点です。

2 親会社に負担をかけない経営

特例子会社は、親会社の持ち出しで製品やサービスを購入してもらって成り立っていることが多いのですが、ＰＧＳＪの場合、手土産としてのクオリティが高い「売れるクッキー」であるため、社員が自費で購入するだけで製品がはけていきます。売れ残りを親会社が買い取るということもありません。親会社に負担をかけていない点が目を引きます。

3 営業への貢献

こんなにおいしいクッキーを、特例子会社が作っているという話題にもできるため、営業に貢献している面もあります。

課題を乗り越えるなかで得られたこと

社会貢献に甘えず、客のニーズに応える

1 品質勝負の姿勢

椎名社長は、プルデンシャル生命に負担をかけないよう、単独で経営が成り立つ会社にしようと考えました。経営が成り立つためには、クッキーが売れる必要があります。

こういう場合、ありがちなのは、社会貢献性をアピールして売ろうとすることです。ある程度売れることもありますが、苦戦することが多いです。社会貢献性だけでは、品質が悪いことや値段が高いことをカバーしきれないのです。むしろ、社会貢献性は、品質の高さをさらに高めるおまけ程度に考えたほうがよいのです。品質が高いものにさらに付加価値が乗っていれば、お得感があり、買ってもらいやすくなります。そういう意味で、社会貢献性は、基本的な品質に付加される上乗せ部分の価値に過ぎないのです。この点では、社会バニーフーズの富田さんが言った「うちはおいしいから売れる」という言葉は、本質をついています。

要するに、クッキーが売れるためには、おいしくなければならないのです。しかし、障がい者施設が作るものは、味が今ひとつで売れ行きが芳しくないことも少なくありません。技術を習得したり、安定した品質の製品を作ったりすることが簡単ではないからです。通常は、「でも、障がい者が作っているからしょうがない」と現状に甘んじます。しかし、椎名社長は、「売れないものを作るのはごみを作るのと同じ」と、障がい者を雇用して売れるものを作るという課題に挑みます。

おいしいクッキーを作るには、レシピが大事です。気をつけねばならない作業のポイントもあります。そこで、椎名社長は、プルデンシャル生命のライフプランナーのネットワークを使ってプロのパテシエを紹介してもらい、パテシエのレシピと指導に基づいて、おいしいクッキーを作ることに成功します。

その結果、なんと、ＰＧＳＪのクッキーは、モンドセレクション＊[9]の「優秀品質金賞」を受賞することになるのです。本当においしいクッキーだということです。

ＰＧＳＪのクッキーは、おいしいだけではありません。パテシエの努力で、食物アレルギーに対応し、小麦、牛乳、バター、卵を使わないクッキーを作り出します。ＰＧＳＪがこのような試みに着手したのは、プルデンシャル生命のライフプランナーが顧客先で、子どものお誕生会に呼ばれた子が食物アレルギーのためにケーキを食べることができず、ぽつんとしていた、という話を聞いてきたことがきっかけです。障がい者を雇用するという社会性をもつだけではなく、アレルギーに対応するクッキーを作るという社会課題にも応えているのです。このようなクッキーを望む声が多ければ、社会のニーズをとらえ、採算ラインに乗せることも可能です。その意味で、ソーシャルビジネスとしても、注目すべき会社です。

2 ネットワーク化の経済効果

小さな特例子会社では、経営資源は限られています。椎名社長は、足りない部分や得意でない部分は、他の組織や人との連携によって乗り越えようとします。「くまのベイカーズ」との連携はその1つで、障がいに関するプロと連携するということです。パッケージのデザインは、知人の会社のデザイナーに無償で頼みました。

ＰＧＳＪが、おいしいクッキーを作るにあたっては、プロのパテシエの協力は欠かせませんでした。しかも、このパテシエは無償で協力してくれているのです。さらに、クッキー

＊9　消費生活製品の品質を評価し、優秀な製品に賞を与える、ベルギーにある民間組織。

の缶を大阪の会社に発注していますが、この会社、缶を作るための「金型」の代金は取らず、缶の代金しか請求してきません。いずれも、椎名社長が交渉したわけではありません。パテシエは、お金を払おうとすると、「それならやらない」とまで言います。気持ちのいい話です。作ったものがおいしいと評価されて売れていけば、障がい者にとってもやりがいになりますし、長期的に収入を得られますから、生活の安定につながります。

ただ、無償での協力は、社会貢献意識からだけではないような気がします。「障がい者が、会社の経営が成り立つほどの売れるものを作る」という椎名社長の考えや姿勢に共鳴しているからではないでしょうか。そこには、ロマンやチャレンジ精神という、人を引きつけるものがあります。チャレンジの見返りとしてのやりがいや充実感は、計りしれないでしょう。

また、「菓子工房ＷＩＴＨ」では、高齢のため、工場で勤務することが体力的に難しくなった障がい者がいました。その方は、今、「くまのベイカーズ」に戻って体力に合った働き方をしています。企業と福祉施設との連携により、「戻る場所」が確保されているわけです。椎名社長は、経営のことだけを考えているわけではなく、障がい者のためにこのようなセーフティネットも用意しているのです。

しかし、得意ではない部分は連携すればよいといっても、難しい場合もあります。企業と福祉は、考え方や発想が違う傾向があり、共通言語がないとさえ言えます。例えば、企業は、問題の原因を取り去ることによって課題を解決し[*10]、事業の成功につなげようとしますが、福祉は、社会的課題の抜本的解決が容易ではないことを前提に、生ずる問題を軽減する対応策を考えます[*11]。採算や利益といった発想も違いを生みます。そのため、椎名社長が福祉作業所に連携の話を聞いてもらおうと訪問しても門前払いされたり、半年かけて通い、作業所にとって破格の好条件をもちかけても、結局、断られたりすることもありました。安定した事業収入を得ることができれば、作業所にも働いている障がい者にもプラスになると思われますが、このようなことが多いのが現実です。現在連携している「上福岡障がい者支援センター21」の場合、「将来が見えない」という問題意識があった点が幸いして、コミュニケーションを粘り強くとることによって、連携関係を築くことができました。

＊10　原因にさかのぼって解決することを是正処置といいます。
＊11　原因の除去に至らない対処を修正（ないし是正）といいます。

成功のポイント

社長から社員まで浸透した「経営理念」

ＰＧＳＪが事業的にも成功し、障がい者を雇用し続けることができるポイントは、次のような点にあると思われます。

1 社長の姿勢

障がい者を雇用して、一般的な商品に負けないもの、売れるものを作ろうとする椎名社長の姿勢です。椎名社長は、そのために、パテシエにあれこれ注文しますし、パッケージを無償でデザインしてくれたデザイナーにもダメ出しをします。無償だからといって容赦しません。だからいいものができるのです。

2 社員側のキーパーソンの存在

他の事例と同様、現場にキーパーソンがいることです。椎名社長は、工場長代理の女性を採用するにあたって、その人柄から、障がい者社員を叱るときには叱る、温かく見守るときには見守るといった行動ができ、良い関係を作ってくれるだろうと考えました。障がい者を雇用する特例子会社なので、障がい者に慣れている必要があるかというと、必ずしもそうではありません。必要なのは「自分が担当として選ばれたのであれば、やってみよう」という姿勢だと、椎名社長は言います。

3 会社を取り巻くネットワーク

得意でないところは連携でカバーするという発想をもち、連携する相手を探すために、プルデンシャル生命の社員のネットワークも含めて、さまざまなつながりをうまく利用しています。人材やノウハウといった経営資源をさまざまに工夫して外部から調達することは、企業ではよくあります。コストの削減にもなりますし、効果を高めることにもつながります。

4 可能性を信じる姿勢

椎名社長は、障がい者だからできないと、決めてかかっていません。むしろ、障がい者もやればできると言います。バニーフーズの高橋社長や羽後鍍金の黒岩社長と同様、障がい者それぞれの可能性を信じる姿勢が見られるのです。できないと決めてかかっては、できるものもできませんし、可能性は広がりません。「どうせできない」と考えることは、場合によっては、障がい者の活躍の場を奪うことになりかねないのです。

5 社員への経営理念の浸透

信頼される人になることやお互いに尊敬しあうこと、弱い自分に打ち勝つことを促す、グループ全体に浸透している「経営理念」*12が重要な意味をもっています。自分の営業成績のために、同僚を蹴落としたり、同僚への助言や協力を惜しんだりしたのでは、信頼や尊敬は得られないかもしれませんが、成績のためには仕方ないと考えがちです。

しかし、椎名社長は、情報を交換したり、助言しあったりしつつ良い競争を行うことは、結局は良い仕事につながり、成績にもつながる、だから、弱肉強食で競争至上主義の米国流の競争はダメだ、と言います。社員間のつながりを断ち切る成果主義がかえって会社の業績を落とすことは知られています。この点で、利己的に行動しそうになる弱い自分をいさめることが経営理念に含まれている点は、意味が深いと思います。

つまり、このような経営理念のおかげで、営業で忙しいライフプランナーが自分のネットワークを駆使してパテシエを探してきてくれるという、協力を得ることができたわけです。

ただ、経営理念があるだけではダメです。プルデンシャル生命は、経営理念を社員に浸透させることができている点がポイントです。つまり、社員が自分の業務でどのように行動することが経営理念に沿うことになるのかを具体的にイメージできていると、その都度指示しなくとも、自分の判断で経営理念に沿った行動をとることが可能になります。

そのためには、経営者自ら行動で示したり、経営理念に沿った行動をとった社員をほめたり、なぜ良いのか、どのような点で経営理念を実践していることになるのかを説明しつつ、他の社員に紹介したりすることが重要です。椎名社長は、常にそれを実践していて、社員とのコミュニケーションを大事にしています。

*12 企業が経営や業務を行うにあたって最も大事にしていることや考え方のことで、企業の精神的な柱になるものです。明文化されていない場合もあります。

本章で扱ったいずれの事例も、障がい者の能力を引き出しており、会社の業績にも結びつけていることがうかがえます。

しかし、世の中にある事例は、必ずしも、本章であげたような肯定的な事例だけではありません。障がいによる個性の多様性は大きく、仕事とのミスマッチの可能性がありますし、障がい者社員の指導に手間がかかり、健常者社員のストレスになる、仕事に集中できないといった場合もありえます。健常者社員の労働生産性に対するマイナスの影響もありうるのです。ということは、本章であげた事例は、稀有な例外である可能性もあります。

また、多少プラスの効果があっても、マイナスが大きければ、全体としてはマイナスになります。そうなれば、業績にも悪影響があるでしょう。果たして、障がい者雇用は本章で見たような効果を本当にもつのでしょうか？　業績を改善するのでしょうか？　次章で、その問いに答える研究結果をご紹介し、障がい者の雇用が経営の改善につながることを見てゆくことにしましょう。

第3章　障がい者を雇う企業が業績を上げる理由

前章で見たように、障がい者雇用をうまく利用することによって、業績を上げている企業が存在します。業績を改善する重要な要因としてあるのが、健常者に影響を与えることによって組織内マクロ労働生産性を改善する障がい者の力です。しかし、この力についてけ、これまで議論されてきませんでした。本当に障がい者は、企業の組織内マクロ労働生産性を改善するのでしょうか？　それは、業績に影響を与えるほどのものなのでしょうか？　このような疑問に答えようと、２０１１年から２０１３年にかけ、組織内マクロ労働生産性改善効果に的を絞って、文部科学省科学研究費を受けて研究を行いました。ここではその内容をできるだけわかりやすく紹介しましょう。

1 経営者、健常者社員へのアンケート調査

障がい者への評価と接触度を質問

研究はアンケートに基づいて行いました。アンケートは、健常者社員に対する「社員用アンケート」と経営層に会社の業績や課題などを尋ねる「会社用アンケート」の2種類を作りました。まず、「社員用アンケート」の内容について説明しましょう。

障がい者社員が健常者社員にプラスの影響を与えることによって組織内マクロ労働生産性が改善されているのであれば、健常者社員が障がい者のそのような能力を認識している可能性があります。障がい者の能力を認識しているのであれば、障がい者の仕事能力や仕事における健常者への影響について、肯定的評価をしているはずです。

そこで、障がい者の能力を認識することによって変化しそうな、障がい者に対する考えや評価を尋ねる15の質問を用意し、健常者社員に尋ねることにしました。この質問は、能力やその成果を表す「パフォーマンス」という用語を用いて、「障がい者パフォーマンス」と呼ぶことにします。

なお、回答は、各質問5択とし、1が「大変良い」～5が「大変悪い」などのように、

数値が若いほど肯定的な回答になるようにしました。

加えて、障がい者との交流（以下では、「接触」と表現します）がどの程度あるか、尋ねました。人の認識には、常に誤解がつきまといますが、他者や事物との接触が多ければ多いほど、認識を深くします。つまり、われわれは、障がい者との接触が浅い場合、作業が遅い、できない、健常者に劣る、一緒に仕事などできない、といった認識をもつ可能性が指摘できます。その状態では、障がい者の仕事や健常者への影響についての評価は、低いものになるでしょう。しかし、接触が深くなれば、障がい者の能力を認識し、肯定的評価を下す可能性が高くなります。

そこで、接触の程度が大きくなればなるほど障がい者を肯定的に評価しているようなら、障がい者には、そのような能力があるということになりますし、接触度が深くなっても、評価に変化がなければ、バニーフーズや甲斐電波サービスの例は稀有な例外で、一般的には、障がい者にはそのような能力はないということになるでしょう。

接触は、会社以外の場での「プライベートな接触」と会社での「社内接触」に分け、それぞれ、接触が全くない場合の「接触無」、あいさつをする程度の「接触少」、一緒に遊んだ、学んだ、家族や友達に障がい者がいる、打合わせをよく行うなどの「接触多」に分けました。さらに、両方の接触を組み合わせた「障がい者との接触」も作りました。「プライベートな接触・社内接触」の組み合わせで表現すると、次のようになります。

「無・無」＝「障がい者との接触　無」

「無・少」「無・多」「少・無」「少・少」＝「障がい者との接触　少」

「少・多」「多・無」「多・少」「多・多」＝「障がい者との接触　多」

110頁でふれますが、「プライベートな接触」は、「無」や「少」に対して、「多」が重要な意味をもつため、「プライベートな接触　多」は、すべて「障がい者との接触　多」としました。また、「プライベートな接触　少」は、「多」ほどではありませんが、「無」との違いが見られたため、「社内接触　多」との組み合わせのみ、「障がい者との接触　多」に入れました。そのうえで、接触度の違いによって、障がい者の能力に対する認識に違いがあるかを見てゆきました。

ただ、障がい者と接触したいからある会社を選ぶ、ある部署を志望するなど、自分の希望を100％反映させた就職や人事異動が可能である場合、障がい者と接触する人は、障がい者に好意的な人ばかりとなります。この点は、ボランティア活動でプライベートな接触がある場合も同様で、ボランティアを行うほどですから、好意的と言ってよいでしょう。そうなると、障がい者の能力を高く評価する傾向があるかも知れません。しかし、好意的であるということと相手の能力をどう認識しているかとは別です。能力の低さに同情しているがゆえに、好意的なのかもしれません。

しかも、会社の仕事はそれほど甘くありません。「埼玉トヨペット株式会社」は、障がい者を雇用するだけでなく、「はあとねっと輪っふる」という障がい者を支える組織の事務局もしていて、障がい者と農作業を行ったり、ショールームで、障がい者のイベントを開催したりするなど、ユニークな活動を展開していますが、埼玉トヨペット社員の渡辺新一さんは、「辞令一枚」で「はあとねっと輪っふる」の担当になりました。

障がい者とともに危険な作業も行う羽後鍍金では、求職者が来ると、障がい者を雇用していることを伝え現場を見せますが、それを理由に辞退した応募者は1人もいません。ただ、念のため、調査を受けていただいた会社には、ヒアリングもしくは「会社用アンケート」で、社員の異動願いをどの程度人事異動の参考にするか、採用において障がい者との接触経験や接触希望を考慮するか、求職者に障がい者とともに仕事をすることを伝えた際に、応募を辞退するようなことがあったか、逆に障がい者との接触を希望して応募してきた例があったかを尋ねました。結局どの会社でも、障がい者との接触のあるなしは、求職の動機とはかかわらないこと、求職者や社員本人の希望だけで、障がい者との接触をコントロールできないことがわかりました。

したがって、障がい者との社内での接触は、希望を反映したものではなく、「天から降ってきたこと」「自分の意志で、接触したり、しなかったりすることができないこと」、つまり「与件」であり、接触によって障がい者の能力を認識する度合いに違いがあった場合、接触が原因とみなせるということができるわけです。

健常者への影響を尋ねる質問

前項で説明した観点は、健常者が障がい者の能力を認識しているかどうかを通して、障がい者の能力の有無を明らかにしようというものでした。しかし、能力の有無を確認するには、実際に健常者に影響があるのか、仕事にかかわるどのような影響があるのか、を明らかにせねばなりません。そこで、さらに質問を設定しました。

障がい者がコミュニケーションや社内の雰囲気を改善しているのであれば、障がい者がその能力を発揮している職場では、健常者社員の精神面での健康度や仕事の満足感が高まっている可能性があります。

そこで、ここではまず、前項で登場した「障がい者の能力に対する評価を尋ねる質問」を「障がい者の能力が発揮されているかどうかを明らかにする質問」と置き換えます。つまり、能力が発揮されているからこそ、能力が認識されると考えるわけです。そのうえで、能力が発揮されている（認識されている）ほど、精神健康度と仕事に関する満足度（仕事満足）が改善されているかどうかを見てゆくことにしました。

「精神健康度」については、GHQ12（The General Health Questionnaire 12）という12の質問からなる既存の質問項目[*13]を用いて尋ね、「仕事満足」については、既存の研究を参考にして設定した18の質問で尋ねました。

GHQの回答は4択になっており、1を選択すると健康状態が最も良く、数値が大きくなるほど悪くなるという設定になっています。

「仕事満足」は5択とし、「障がい者パフォーマンス」と同様、1が「大変良い」など数値が若いほど、肯定的な回答になるようにしました。

業績についての質問

健常者社員の仕事満足度が高い場合、精神健康度が良かったり、良い仕事ができている（業務パフォーマンスが良い）可能性が高くなります。というのは、日本労働研究機構が行っ

＊13　事前に質問票をいくつかの企業の社員に見てもらった際、「GHQ12の既存の質問形式では回答しにくい」という声があがったため、回答しやすい形に手を加えました。

た研究で、仕事の満足度と社員の業務パフォーマンスが正の相関を示す（一方が上がれば、もう一方も上がる）ことが明らかになったからです[*14]。また、アンケート調査を通して、職業的アイデンティティが精神健康度に影響を与えていることを明らかにした研究がありますが[*15]、アンケート項目を突き合わせると、職業的アイデンティティの内容は、後述する「職務満足」にあたると言えます。

一人ひとりの社員が良い仕事ができるのであれば、会社の業績も良くなるはずです。つまり、障がい者がその能力を発揮して、健常者社員の状況が改善されている会社は、業績が良い可能性があります。

そこで、「社員用アンケート」のほかに、「会社用アンケート」を作成し、主に経営者に、「業界内で比較して」業績が良いかどうかについて、過去3期分を尋ねました。要するに、業界内比較での景況感を尋ねたわけです。経常利益率や景況感は、業界によって傾向が異なりますので、数値だけでは、また、単純に尋ねるだけでは、業績が良いと言えるかどうか判断しにくいからです。例えば、業界全体が落ち込んでいっていれば、業界内の他社に比べて状況が良いとしても、「業績は悪い」と回答するでしょうし、業界全体が浮上していっている場合、そのなかではパフォーマンスが低いとしても、「業績は良い」と回答するでしょう。しかし、業界内比較であれば、業界の傾向に左右されることが少なくなります。

回答は、5択とし、「1良い」、「2どちらかというと良い」、「3平均的」、「4どちらかというと悪い」、「5悪い」としました。

分析では、障がい者の能力発揮（障がい者パフォーマンス）・精神健康度・仕事満足が上がれば、景況感も良くなるのかを見てみました。

ここでの重要なポイントは、「障がい者を雇用している」と「業績」との関係ではなく、「障がい者との接触」と「業績」との関係を見ていることです。なぜなら、「雇用している」では、雇用しているから業績が良いのか、業績が良いから雇用でもしようかと雇用したのか、因果関係がわからないからです。

＊14　日本労働研究機構『組織の診断と活性化のための基盤尺度の研究開発』75頁、2003年。
＊15　宗近・田島『勤労者の職業的アイデンティティが心身に及ぼす影響』北九州市立大学文学部紀要第14巻、18—19頁、2007年。

2 アンケートの集計結果と分析結果

アンケートの実施と集計

社員用アンケートは、ウェブサイトへの掲載と印刷したものを併用し、会社用アンケートは印刷したもののみ使用しました。2011年7月～2012年3月実施分について中間集計し、その報告書を2012年5月に発表、10月に学会で報告しました。さらに、アンケートを2012年9月～2013年3月にも実施し、中間集計と合わせて、最終集計に入りました。

中間報告の段階では、会社用アンケート有効回答数17社分（回収数17社分）、社員用アンケート有効回答数962名分（回収数987名分）でしたが、最終集計時では、会社用アンケート有効回答数31社分（回収数35社分）、社員用アンケート有効回答数1107名分（回収数1141名分）でした。

社員用アンケートで、回答が記入されていない部分があったものは、無効としました。また、有効な社員用アンケートが1つもない会社の会社用アンケートは、無効としました。

では、アンケートの結果を見てゆきましょう。

質問のグループ化と得点化

このようなアンケートにおける一連の質問は、回答の傾向が似通ったグループに分かれることがあります。そこで、まず、回答の傾向に基づいてグループ分けを確認しました[*16]。

精神健康度に関する回答のグループ分けを確認した結果が表3-1です。精神健康度（GHQ）は、肯定的に答えると健康度が良い質問と、否定的に答えると健康度が良い質問に分かれました（いずれも、回答の番号が若いほど健康状態が良くなります）。それぞれ「GHQプラス」、「GHQマイナス」としました。

また、仕事満足にかかわる回答の傾向は、表3-2にあるように、3つのグループに分かれました。1つ目のグループは、仕事のやりがいがあるかといった質問からなるので「職務満足」、2つ目は、会社に思い入れをもっているかを尋ねる質問からなるので「会社への思い入れ」、3つ目は、生活のなかで仕事に重きがあるかどうかといった質問からなるので「仕事へののめりこみ」と名づけました。

*16 最尤《ゆう》法とプロマックス回転の組み合わせで、因子分析を行いました。

表3-1　精神健康度（GHQ）

質問項目	因子	
	GHQ マイナス	GHQ プラス
1 何かをする時、いつもより集中してできたか？	.058	.548
2 心配事があって、よく眠れないことはあったか？	.571	-.005
3 いつもより、自分のしていることに生きがいを感じることがあったか？	-.093	.795
4 いつもより、容易に物事を決めることができたか？	.062	.590
5 いつもストレスを感じている、ということがあったか？	.679	.021
6 問題を解決できなくて困ったことがあったか？	.674	-.055
7 いつもより、日常生活を楽しく送ることができたか？	.100	.679
8 問題があった時に、いつもより、積極的に解決しようとすることができたか？	-.027	.669
9 いつもより、気が重くて憂うつになることはあったか？	.766	.065
10 自信を失ったことはあったか？	.797	-.008
11 自分は役に立たない人間だと考えたことはあったか？	.629	.043
12 幸せだと感じたことが、いつもよりあったか？	.003	.589

因子抽出法：最尤法
回転法：Kaiserの正規化を伴うプロマックス法
3回の反復で回転が収束しました。

表3-2　仕事満足

質問項目	因子		
	職務満足	会社への思い入れ	仕事へののめり込み
1　仕事に喜びを感じる。	.953	-.096	.022
2　仕事にやりがいを感じている。	.971	-.076	.013
3　仕事に誇りを感じている。	.797	.092	-.001
4　仕事に満足している。	.756	.042	.031
5　今の仕事が好き。	.829	.008	-.016
6　会社に多くの恩義を感じている。	.037	.695	.003
7　会社の人々に義理を感じているので、今辞めようとは思わない。	.032	.609	-.004
8　会社の一員であることを誇りに思う。	.222	.725	-.051
9　この会社を選んで本当に良かった。	.117	.766	-.018
10　会社にいることが楽しい。	.503	.280	.057
11　今の私にとって仕事が生活のすべてである。	-.131	.036	.830
12　最も充実していると感じられるのは仕事をしている時である。	.040	-.043	.889
13　今は仕事から得られる満足感が一番大きい。	.129	-.030	.814
14　私にとって最も重要な事柄が今の仕事に密接に関連している。	.024	.063	.727
15　仕事にのめり込んでいる。	.091	.074	.633
16　自社の経営理念（理念や社是、社訓など）は良い。	-.063	.655	.025
17　経営陣の経営姿勢は良い。	-.052	.631	.140
18　自社の障がい者雇用以外の社会貢献活動（環境保全や地域貢献など）を高く評価している。	-.112	.667	.015

因子抽出法：最尤法
回転法：Kaiser の正規化を伴うプロマックス法
6回の反復で回転が収束しました。

表3-3　障がい者パフォーマンス

項目名	因子		
	同等性	社内改善力	経営への貢献
1　知的障がい者であっても仕事の効率や質は、訓練や周りの配慮で改善されうる。	.364	.061	.260
2　障がいの種類や訓練、周りの支援によっては、健常者社員と同じレベルで仕事をこなすこともある。	.442	.036	.183
3　障がい者社員と一緒に仕事をしても、自分の仕事の効率が低下することはない。	.844	-.025	-.070
4　障がい者社員と一緒に仕事をしても、自分の仕事の質（良い仕事をする、事故に気をつける、心をこめる、など）が低下することはない。	.818	-.128	.061
5　障がい者社員と一緒に仕事をすることによって、自分の仕事の効率が良くなったり、質が向上したりすることがある。	.207	.514	.034
6　障がい者社員と一緒に仕事をしても、ストレスを感じることはない。	.697	.097	-.084
7　障がい者社員が職場にいることによって、ストレスが軽減されることがある。	.002	.822	-.071
8　障がい者社員がいても職場のコミュニケーション（情報伝達や意志の疎通）に支障をきたすことはない。	.620	.158	-.115
9　障がい者社員がいることによって、職場のコミュニケーションが活性化されることがある。	-.031	.873	-.024
10　障がい者社員がいても、職場の人間関係（相互に配慮しあったり、よい刺激を与え合う関係）が悪くなることはない。	.655	-.044	.084
11　障がい者社員がいることによって、職場の人間関係が改善されることがある。	-.021	.846	.041
12　障がい者雇用は、社会的意義がある。	.136	-.114	.681
13　障がい者雇用は、自社に対する顧客の評価を高める。	-.123	.005	.826
14　障がい者雇用は、従業員満足を高める。	-.028	.358	.512
15　障がい者雇用は、会社にとってプラスになる。	.020	-.002	.789

因子抽出法：最尤法

回転法：Kaiserの正規化を伴うプロマックス法

5回の反復で回転が収束しました。

障がい者パフォーマンスも3つに分かれました（表3-3）。1番目は、仕事において障がい者は健常者とそれほど違わないと思うかを尋ねる質問からなるため「同等性」、2番目は、社内を改善する力があると思うかを尋ねる質問からなるため「社内改善力」、最後は、障がい者の雇用が会社の経営や業績にプラスになると思うかを尋ねる質問からなるため「経営への貢献」としました。

このような質問のグループを尺度といいますが、それぞれの質問については、選択番号をそのまま点数とし、質問グループごとに合計しました。ということは、点数が低いほど、評価していたり、満足していたり、状態が良かったり、ということになります。

健常者社員が障がい者の能力を認識しているかどうか、したがって、障がい者がそのような能力を持つかについて、質問のグループごとに合計した点数をもとに見てゆきましょう。

障がい者は会社を改善する能力を持つか？

❶分析の観点

接触は、人やモノに対する理解や認識を促します。ということは、もし、障がい者が、「同等性」「社内改善力」「経営への貢献」、それらを総合した「障がい者パフォーマンス」といった能力を持つとすれば、障がい者との接触度の違いによって、健常者社員の認識に差が出るはずです。

大事な点ですので、少し説明しておきます。統計学的に確認できる差があるかどうかを見ることは重要です（差があると言える場合、「有意な差がある」と言います）。例えば、表3-4のようなデータは、障がい者には、経営的意味を生む能力を期待できないように見えてしまう可能性があります。「独立行政法人 高齢・障害者雇用支援機構 障害者職業総合センター」が調査のために企業に送ったアンケートのうち、「障がい者を雇用したときに得られる効果」を尋ねた回答結果（複数回答可）*17の一部を抜き出して表にまとめたものです。

調査の背景にある問題意識は良く、貴重なデータです。ただ、回答の比率を見ると、「社会的責任を果たせる」「法令遵守」「納付金の軽減・解消」といった上半分の項目の数値が高く、「職場の雇用管理が良くなる」「従業員全体の作業方法・作業工程が改善される」など、生産性にかかわる下半分の項目は、その3分の1から2分の1程度しかありません。

*17　独立行政法人高齢・障害者雇用支援機構　障害者職業総合センター『企業経営に与える障害者雇用の効果等に関する研究』202頁、2010年。

表3-4 障がい者を雇用したときに得られる効果(一部抜粋)

質問項目	%
法令遵守	93.3
納付金の軽減・解消	76.9
社会的責任を果たせる	96.1
株主や投資家から評価される	56.9
顧客や地域住民から評価される	65.2
職場の雇用管理がよくなる	31.8
従業員全体の作業方法・作業工程が改善される	32.8
職場のコミュニケーションが活性化する	43.0
従業員のモラルが上がる	47.2
従業員全体の自社に対する帰属意識や信頼が高まる	43.0

高齢・障害者雇用支援機構 障害者職業総合センター『企業経営に与える障害者雇用の効果等に関する研究』p.202、2010年より抜粋し作成。

見方によっては、「3分の1程度でもそのような意見があること自体が重要」と言えるかもしれませんが、結局、障がい者に、生産性を上げることはあまり期待できないと見えてしまう可能性があります。

しかも、この調査では、各企業の社員1名が記入したものが返送されてきていますが、誰が記入したかわからず、記入者が障がい者と接触があるかどうかもわかりません。憶測や「こうだったらいいな」という希望的観測で書いているかもしれません。会社にアンケートを送って1名に記入してもらう場合、1名がその会社を代表することになりますが、相手の立場によってブレも生じますから、注意が必要です。

しかし、次のような場合には、差（有意な差）があるかどうかを見ることは重要です。上記の調査とは関係のない、架空の設定です。

【障がい者社員と接触が「ない」社員の回答】

社会的責任を果たせる＝97・2％

作業工程が改善される＝32・7％

【障がい者社員と接触が「ある」社員の回答】

社会的責任を果たせる＝97・5％

作業工程が改善される＝39・2％

「社会的責任」のほうは、差はないと言ってよいでしょう。でも、「作業工程」のほうは、微妙な差ですね。差があると言えばありますが、差はないに等しいという主張も否定しにくい感じです。障がい者に能力があると主張したいときには、差を強調し、そうでない場合には、差を等閑視するといった恣意的な議論もありえます。

そこで、統計学的に見て、差があると言えるのか、言えないのか、つまり、「有意な差があるのか／ないのか」を検証することが重要になってきます。差があるのであれば、次に、差が生じた原因が問題になります。もし、接触を通して相手を知ることによって生じた差であるなら、障がい者はそのような能力があるので差が生じた、と考えることができます。

でも、数値がいずれも低く、大きな差が出ていないのはなぜでしょう？ 例えば、わかりにくい能力なので、軽い接触程度では、接触がない場合と同じということが考えられます。両者の差は、主に、「接触がある」が「接触が深い」場合を含むことによる差であるというわけです。

ですから、数値だけをみて判断する場合、その数値が低いと、どうしても否定的見方に流れがちですが、このように有意差があるかどうかを見ることによって判断するという見方もあるわけです。では、統計学的にみて、差があると言えるのかどうかを確認することにしましょう。

❷障がい者社員の能力

まず、接触度の違いによって認識の点数に差があるかどうかを確認しました。正確に言うと、合計点数を小さい順に並べて順位をつけ、その順位をもとに計算し、比較をします(Steel-Dwass法)。その結果、次のようになりました。いずれも、1が「接触無」、2が「接触少」、3が「接触多」です。

差があると言える部分は、p値の網掛けを外してあります。会社以外でのプライベートな接触に関して差を見た表3-5を見ると、すべての項目で「接触多」と「接触無」での差が見られます。また、「接触少」は、「接触多」と2項目で差がない点で「接触無」と異なります。94頁で「プライベートな接触は『多』が意味をもつ」「『接触少』は『多』ほどではないが『無』との違いがある」と記したのはこの点です。

社内での接触の場合（表3-6）では、「社内改善力」で差が出ていませんが、他の項目では、すべての比較で差が出ています。

「社内改善力」は、社内での接触のほうが気づかれやすいように思えますが、仕事のなかでは、プライベートな付き合いほどの深い付き合いはできなかったり、さまざまな面を

表3-5　障がい者パフォーマンスに関するプライベートな接触の多重比較

	Kruskal - Wallis p値	多重比較					
		1と2の比較		2と3の比較		1と3の比較	
		統計量	p 値	統計量	p 値	統計量	p 値
同等性	0.0002	0.4434	0.8951	3.4937	0.0013	3.1911	0.0039
社内改善力	0.0023	1.3185	0.3778	1.9001	0.1344	3.3407	0.0023
経営への貢献	0.0181	1.3940	0.3372	1.0987	0.5070	2.7795	0.0144
障がい者パフォーマンス	0.0001	1.1610	0.4696	2.8045	0.0134	3.9993	0.0002

1 ＝プライベートな接触無（n ＝ 213）　2 ＝プライベートな接触少（n ＝ 256）
3 ＝プライベートな接触多（n ＝ 591）

表3-6　障がい者パフォーマンスに関する社内接触の多重比較

	Kruskal - Wallis p値	多重比較					
		1と2の比較		2と3の比較		1と3の比較	
		統計量	p 値	統計量	p 値	統計量	p 値
同等性	0.0000	3.6279	0.0008	4.1089	0.0001	7.5537	0.0000
社内改善力	0.0659	0.5492	0.8463	1.6774	0.2128	2.1237	0.0845
経営への貢献	0.0000	3.3658	0.0022	4.1466	0.0001	7.3153	0.0000
障がい者パフォーマンス	0.0000	3.8732	0.0003	7.5281	0.0000	3.9984	0.0002

1 ＝社内接触無（n ＝ 319）　2 ＝社内接触少（n ＝ 329）
3 ＝社内接触多（n ＝ 468）

表3-7　障がい者パフォーマンスに関する障がい者との接触の多重比較

	Kruskal - Wallis p値	多重比較					
		1と2の比較		2と3の比較		1と3の比較	
		統計量	p 値	統計量	p 値	統計量	p 値
同等性	0.0000	3.2915	0.0025	5.2422	0.0000	3.4814	0.0013
社内改善力	0.0001	0.3938	0.9078	2.6329	0.0200	3.6872	0.0006
経営への貢献	0.0000	2.8017	0.0122	4.1972	0.0001	2.4458	0.0334
障がい者パフォーマンス	0.0000	3.2399	0.0030	5.3665	0.0000	3.8533	0.0003

1 ＝障がい者との接触無（n ＝ 80）　2 ＝障がい者との接触少（n ＝ 296）
3 ＝障がい者との接触多（n ＝ 683）

見ることには至らなかったりしますので、社内での接触では、気づかれにくいということかもしれません。むしろ、制約のないプライベートな接触を通して深く知りあうことで見えてくる、わかりにくい能力と言える可能性があります。

他方、プライベートな接触と社内での接触を合わせた「障がい者との接触」（表3−7）では、「社内改善力」が接触無と接触少で差が出ない点を除き、すべてに差が出ています。これを見ると、「社内改善力」が深い接触でなければ見えてこない能力であることが示されていることに加え、プライベートな領域での接触と会社での接触との相乗効果が見て取れます。プライベートでも会社でも交流を図れば、さまざまな面が深く見えてきて、障がい者の能力も把握しやすくなると解釈できるのではないでしょうか。この点は、甲斐電波サービスの事例に示されていると言えるでしょう。

以上のデータを見る限り、接触が深くなればなるほど障がい者の能力が認識されており、障がい者は、このような能力を持つと言ってよいと思われます。

なお、障がい者に同情して点数が良くなっている可能性もあるとお考えの方もいらっしゃるかもしれませんが、その可能性は低いと思います。なぜなら、障がい者への同情は、能力が低い、何もできないという先入観が背景にあることが指摘できます。そうすると、接触が低いほど、先入観や偏見をもつ可能性があるので、同情に基づくのであればむしろ、接触が低いほど点数が良くなっていなければならないからです。

❸イメージも変化

障がい者がこのような能力を持ち、接触が深くなることによってそれが把握されるのであれば、偏見や先入観が払しょくされて、障がい者に対する健常者社員のイメージが変わってくる可能性があります。表3-8は、社内での接触度とイメージの変化をクロス表にしたものです。社内での接触が深まるにつれ、「イメージが良くなった」の比率が増え、「変わらない」がその分減少していることが見てとれます。

なお、社内接触がないにもかかわらず、イメージの変化が見られますが、接触がなくとも、会社が雇用していることを耳にしたり、社内での様子を耳にして、イメージが変わっている可能性があります。

そこで、「イメージが良くなった」を1、「変わらない」を2、「イメージが悪くなった」を3としてポイント化し、接触の3タイプごとに集計し、接触の3タイプ間でイメージに有意な差があるかどうかを見てみたのが表3-9です。「接触無」と「接触少」「接触多」との間で差が認められます。明確な能力の認識に至っていなくとも、接触をすると、障がい者のことがわかり、イメージが良いほうに変わってくることを示していると言えるで

表3-8　社内接触とイメージ変化のクロス表

		イメージ			合計
		良くなった	変わらない	悪くなった	
社内接触無	度数	25	95	0	120
	%	20.83%	79.17%	0.00%	100%
社内接触少	度数	114	197	9	320
	%	35.63%	61.56%	2.81%	100%
社内接触多	度数	202	248	13	463
	%	43.63%	53.56%	2.81%	100%

表3-9　イメージ変化に関する社内接触の多重比較

	Kruskal-Wallis p値	多重比較					
		1と2の比較		2と3の比較		1と3の比較	
		統計量	p値	統計量	p値	統計量	p値
イメージ変化	0.0001	2.4697	0.0335	2.2013	0.0661	4.1018	0.0001

1 ＝社内接触無（n ＝ 120）　2 ＝社内接触少（n ＝ 320）
3 ＝社内接触多（n ＝ 462）

表3-10　障がい者パフォーマンスに関するイメージ変化の多重比較

	Kruskal-Wallis p値	多重比較					
		1と2の比較		2と3の比較		1と3の比較	
		統計量	p値	統計量	p値	統計量	p値
同等性	0.0000	6.5704	0.0000	1.7092	0.1586	3.3298	0.0019
社内改善力	0.0000	9.0331	0.0000	0.6649	0.7172	2.5265	0.0231
経営への貢献	0.0000	9.7289	0.0000	1.2851	0.3333	3.9740	0.0002
障がい者パフォーマンス	0.0000	9.4966	0.0000	1.1988	0.3793	3.4678	0.0011

1 ＝イメージが良くなった（n ＝ 341）　2 ＝変化無（n ＝ 540）
3 ＝イメージが悪くなった（n ＝ 22）

しょう。

次に、このイメージの変化は、健常者社員が障がい者のさまざまな能力に気づくことによると思われます。障がい者パフォーマンスに気づかれている度合いと、イメージの変化に関係があるかどうかも見てみましょう。

表3-10では、障がい者パフォーマンスのそれぞれの項目において、「イメージが良くなった」は、「イメージは変わらない」「イメージが悪くなった」と差があります。つまり、イメージが良くなっているのは、障がい者パフォーマンスに気づいている場合であると言えます。このような能力に気づけば、良いイメージをもつことは当然と言えます。

また、われわれが先入観をもつとすると、知的障がい者や精神障がい者に対してであることが多いと思われます。そこで、社内で接触した相手の障がいの種類を尋ね、回答によって次のように分けました。

「わからない」＝相手の障がいがわからないと回答したグループ

「身体障がい」＝身体障がい者とだけ接触があるグループ

「精神障がい」＝知的障がい者との接触がなく、精神障がい者と接触したことがあるグループ（精神障がい者と身体障がい者との両方の接触がある場合を含む）

「知的障がい」＝精神障がい者との接触がなく、知的障がい者と接触したことがあるグ

表3-11　社内接触におけるイメージ変化と障がいの種類のクロス表

			障がいの種類				
			わからない	身体障がい	精神障がい	知的障がい	ミックス[*1]
イメージ変化	悪くなった	度数	2	5	6	4	3
		%	2.2%	1.6%	7.1%	2.8%	3.7%
	変わらない	度数	64	209	42	86	25
		%	71.1%	64.9%	50.0%	60.6%	30.5%
	良くなった	度数	24	108	36	52	54
		%	26.7%	33.5%	42.9%	36.6%	65.9%
	合計	度数	90	322	84	142	82
		%	100.0%	100.0%	100.0%	100.0%	100.0%

[*1]ミックス　精神障がい者と知的障がい者の両方と接触がある場合

ループ（知的障がい者と身体障がい者との両方の接触がある場合を含む）
「ミックス」＝精神障がい者と知的障がい者との両方に接触したことがあるグループ
（3障がいすべてとの接触がある場合を含む）

グループごとに、社内での接触によってイメージが「悪くなった」「変わらない」「良くなった」に分け、単純に集計しました（表3-11）。

興味深いことに、精神障がい者と知的障がい者の両方に接したことがある人は、他のグループが「変わらない」が多いのに比べ、「良くなった」が65・9％で最も多くなっています。精神障がい者と知的障がい者の両方に接することが、障がい者に対する理解を深めることにとって効果的なようです。認識における相乗効果(シナジー効果)と言えるでしょう。

さて、障がい者が想定されたような能力を持つとすると、健常者社員に影響を与えているはずです。影響の分析結果を見てゆきましょう。

3 障がい者雇用を業績につなげる構造

健常者社員への影響

まず、仕事満足、精神健康度（GHQ）、障がい者パフォーマンスの間に結びつきがあるかどうか、つまり、相関関係があるかどうか（一方が変化すると他方も変化する）を見てみましょう[*18]。

仕事満足と精神健康度の間は、すべての項目間で相関関係が認められました（表3-12）。仕事に対する満足度が高ければ、健康度も良い状態にあることがわかります。「*」をつけてあるものが、相関関係があると判断されたもので、数字は、関係の強さを表します。どちらかというと、GHQプラスとの関係が強いようです。

表3-13を見ると、障がい者パフォーマンスと精神健康度の関係は、弱いですが相関関係にあることがわかります。弱いなかでも、GHQプラスとの関係が強いようです。

障がい者パフォーマンスと仕事満足の関係を見てみましょう（表3-14）。やはりそれほ

*18　相関係数は、Spearmanを用いました。

表3-12　仕事満足と精神健康度の相関係数

尺度	GHQプラス	GHQマイナス	GHQ
職務満足	0.516*	0.390*	0.499*
仕事へののめり込み	0.323*	0.163*	0.247*
会社への思い入れ	0.387*	0.224*	0.324*
仕事満足	0.469*	0.297*	0.409*

*$p<0.001$

表3-13　障がい者パフォーマンスと精神健康度の相関係数

尺度	GHQプラス	GHQマイナス	GHQ
同等性	0.196*	0.165*	0.205*
社内改善力	0.174*	0.051n.s.	0.113*
経営への貢献	0.184*	0.102*	0.155*
障がい者パフォーマンス	0.227*	0.152*	0.209*

*$p<0.001$
n.s.　not significant

表3-14　障がい者パフォーマンスと仕事満足の相関係数

尺度	職務満足	仕事へののめり込み	会社への思い	仕事満足
同等性	0.260*	0.200*	0.253*	0.271*
社内改善力	0.246*	0.300*	0.301*	0.325*
経営への貢献	0.323*	0.304*	0.379*	0.385*
障がい者パフォーマンス	0.326*	0.308*	0.366*	0.382*

*$p<0.001$

ど強くはありませんが、すべての項目間で相関関係があることがわかります。個別の項目では、「経営への貢献」が仕事満足の各項目と関係が強い傾向があるようです。

以上の結果から、障がい者の能力が発揮されている職場では、健常者社員の精神健康度も仕事満足も高くなると言えます。

なお、ここでは、障がい者との接触によってその能力が健常者社員に認識されると考え、障がい者の能力の認識をもって能力の発揮と解釈しています。では、障がい者との接触の度合いと仕事満足との関係はどうなのでしょうか？　接触によって障がい者の能力がわかるとすると、接触度が大きくなるほど、仕事満足が大きくなる可能性があります。

表3-15　障がい者との接触と仕事満足の相関係数

項目	職務満足	仕事へののめり込み	会社への思い	仕事満足
プライベートな接触	-0.073*	-0.056 n.s.	-0.059*	-0.070*
社内接触	-0.080**	-0.02 n.s.	-0.007 n.s.	-0.041n.s.
障がい者との接触	-0.075*	-0.042 n.s.	-0.054 n.s.	-0.066*

*p ＜ 0.05
**p ＜ 0.01
n.s.　not significant

表3-15を見ると、「職務満足」はすべての接触と有意な相関関係がありますし、「仕事満足」は社内での接触以外の項目と有意な相関関係にあることがわかります。

なお、数値がマイナスになっているのは、接触度が高くなるほど数値が大きくなる一方で、仕事満足は、数値が小さくなるほど満足度が大きいからなので、問題はありません。問題は、「＊」がついた項目がまばらで、しかも、数値が低く、ほとんど関係がないという見方すらできそうな水準です。接触と仕事満足は、健常者社員による障がい者パフォーマンスの認識が間に入る間接的な関係ですので、強い関係を示す数値にはならなかったことがうかがえますが、表3-14と合わせて考えると、接触だけでは不十分で、健常者社員の仕事満足につなげるためには、障がい者の能力が認識されているかどうか、言い換えれば、認識されるほど引き出されているかどうかが重要である、ということになるでしょう。

業績への影響

障がい者が社内のコミュニケーションや雰囲気を改善しているのであれば、健常者社員が仕事上の成果を上げ、会社の業績が良くなっている可能性があります。

そこで、まず、仕事満足が業績と結びつくか見てみましょう。業績については、直近の

3期分について、業界内比較で良いかどうかを5段階で聞いています。各期との関係を見るとともに、各期のポイントを単純に合計した「業績総合」という項目を立てて、関係を見てみました。

仕事満足と業績との相関を見てみましょう。表3－16を見ると、弱い関係ではありますが、仕事満足が高ければ、業績も高いことがわかります。

では、障がい者パフォーマンスと業績との関係を見てみましょう。表3－17では、弱いながらも「社内改善力」と業績とが関係があることがわかります。すべての期で相関関係があると出ていますが、社内を改善する力が業績に貢献するのは、当然といえば当然でしょう。

障がい者は、コミュニケーションの促進や社内の雰囲気の改善など、健常者の仕事上の満足につながるようなプラスの影響を通して、会社の業績に影響を与えているということになります。しかし、1つの会社で社内接触がある場合とない場合が混在しているケースもあり、相関性を弱める原因になっていることに加え、会社の業績に影響を与える要因はさまざまですし、ここで考察しているのは、作業効率のアップなど、障がい者が直接、業績に与える影響ではなく、健常者を介して影響を与えている側面に着目しているので、ここでの数値が低かったり、障がい者パフォーマンスと業績とが関係あると示された項目が

表3-16　仕事満足と業績の相関係数

	前期業績	前々期業績	前々々期業績	業績総合
職務満足	0.115**	0.083*	0.055n.s.	0.083*
会社への思い入れ	0.138**	0.169**	0.136**	0.163**
仕事へののめり込み	0.164**	0.168**	0.156**	0.171**
仕事満足	0.161**	0.164**	0.136**	0.162**

*p＜0.01　**p＜0.001　n.s.　not significant

表3-17　障がい者パフォーマンスと業績の相関係数

	前期業績	前々期業績	前々々期業績	業績総合
同等性	-0.032n.s.	-0.033n.s.	0.004n.s.	-0.023n.s.
社内改善力	0.172**	0.128**	0.108**	0.136**
経営への貢献	0.060*	0.013n.s.	0.036n.s.	0.016n.s.
障がい者パフォーマンス	0.041n.s.	0.021n.s.	0.046n.s.	0.023n.s.

*p＜0.05　**p＜0.001　n.s.　not significant

少なかったりするのは、致し方ないことで、むしろ、それでも関係があるという結果が出たことは、重要な意味をもちます。

では、最後に、障がい者がどのような経路で会社の業績に影響を与えているか、図で表してみましょう。

障がい者はいかにして業績を上げるか

図3−1の矢印は因果関係を示し、障がい者との接触がどのように業績につながるかを示しています。このような構造を分析するIBMのAMOSというソフトで分析した結果です。表3−18は、このモデルが成立すること（有意確率の部分）、あてはまりがよいこと（CFIは1・0に近いほうがよく、RMSEAは0・05より小さい場合適合度が高い、PCLOSEは「RMSEAは0・05より小さい」という仮説が成り立つこと）を示しています。図の四角い枠の中に記した項目は、次のような意味です。

「雇用を評価」＝「自社の障がい者雇用に対する姿勢は、評価できますか？」という質問に「評価できる」「どちらかと言えばできる」「一概には言えない」「どちらかと言えばできない」「評価できない」の5段階で答えてもらい、それをポイント化し

図3-1　障がい者が業績に影響を与える構造

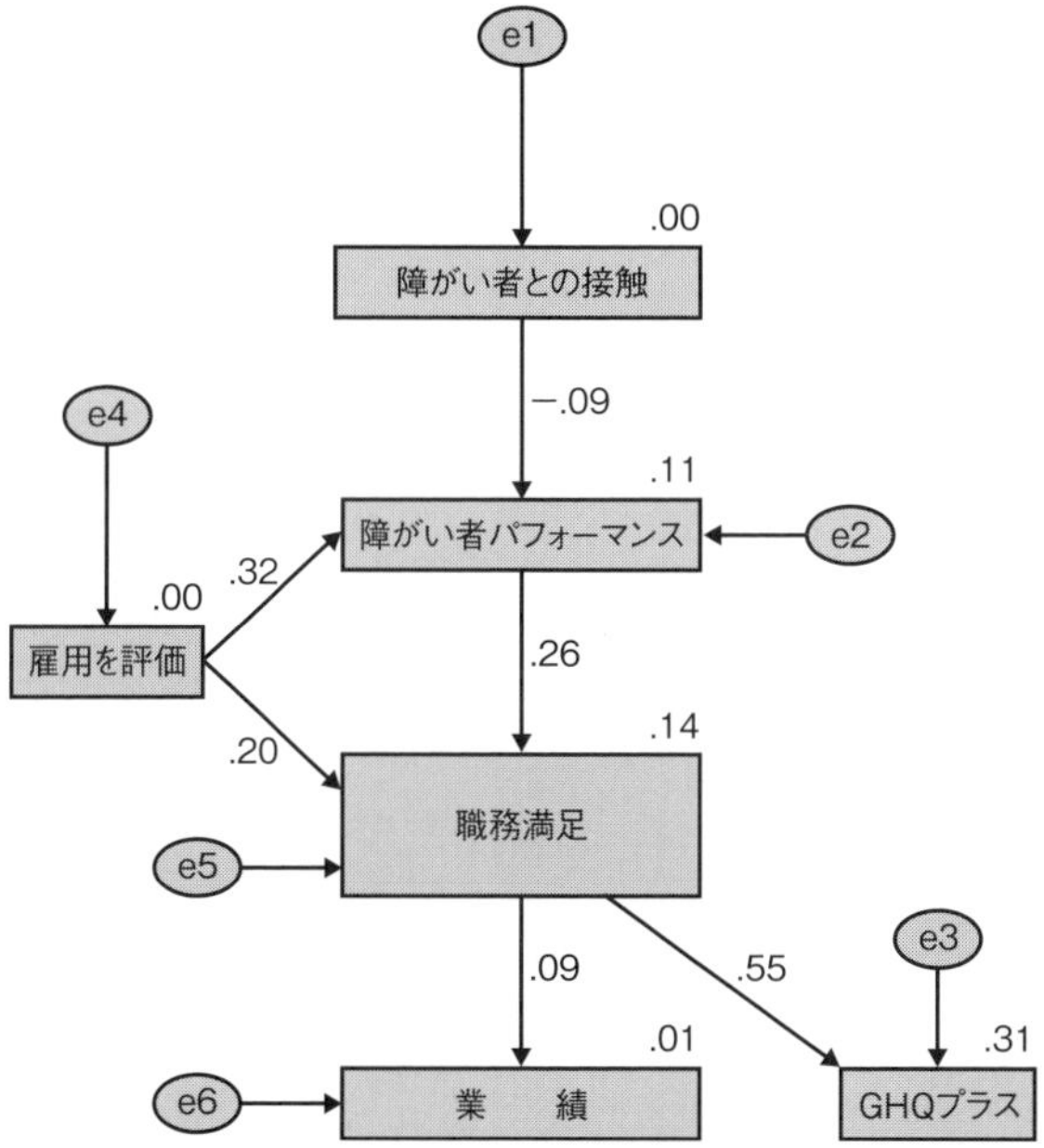

表3-18　モデルの適合度を表す指標

カイ自乗検定（有意確率）	0.323
CFI	0.998
RMSEA	0.012
PCLOSE	0.997

たものです。

「障がい者との接触」＝プライベートな接触と社内での接触を組み合わせて、「無」「少」「多」の3つに分けたものです。

「障がい者パフォーマンス」＝障がい者の能力について尋ねた質問への回答すべてを5段階でポイント化し、それを合計したものです。

「職務満足」＝仕事満足の1つです。他の項目やそれらを合計した仕事満足もモデルにあてはめてみましたが、「職務満足」が最も適合度が高いことがわかりました。表3-12、表3-14を見ると、障がい者パフォーマンスやGHQの各項目との相関では、職務満足が比較的高い傾向にあることがわかります。それを反映していると考えられます。

「業績」＝直近3期の業績を5段階で自己評価してもらい、その評価をポイント化し、3期分を合計したものです。前項で見た「業績総合」のことです。

「GHQプラス」＝GHQマイナスやGHQも当てはめてみましたが、この項目が最も適合度が高いことがわかりました。表3-12、表3-13を見ると、障がい者パフォーマンスや職務満足との相関が高いのはGHQプラスなので、それを反映していると考えられます。

「e1」〜「e6」＝項目に影響を与える未知の要因、ないし、ここに記載されていない要因です。

「接触は与件」、「職務満足が精神健康度に影響を与える」など、因果関係を確認する作業は行っているものの、念のため、表にある項目以外にさまざまな項目を入れたり、矢印の向きを変えたりしてみましたが、このモデルが最も適合度が高いことがわかりました。

図を解釈すると、次のようになっていることがわかります。

1　障がい者との接触が障がい者の能力を認識させる。

2　障がい者雇用を評価する姿勢は、障がい者の能力を認識しやすくさせるとともに、職務満足にも影響を与える。

3　障がい者がパフォーマンスを発揮している（障がい者の能力が認識されている）職場では、健常者社員の職務満足が上がる。

4　健常者社員の職務満足が上がると、精神健康度が改善する。

5　健常者社員の職務満足は、業績に影響を与える。

6　したがって、健常者社員の職務満足を通して、障がい者は業績を改善する。

なお、矢印についている数字は「パス係数」といい、因果関係の強さを表し、四角い枠についている数字は「決定係数」といい、枠に矢印が伸びている項目によって枠の中に記入されている項目がどれくらい説明できるかを示しています。いずれも1・0に近いほど、関係は強くなります。とすると、数値は低いように思われます。しかし、数値の低さは、障がい者の能力が気づかれていることが少ない現状をよく表していると言えます。

つまり、この数値が非常に高い場合、障がい者の能力は、多くの企業にとっくに気づかれていたはずです。また、補助金や罰金で縛らなくとも、雇用は進んだはずです。しかし、このように低い数値であるからこそ、気づきにくく、「知る人ぞ知る」能力となっていたわけです。

「知る人ぞ知る」ということは、ノーマライゼーション[*19]やインクルーシブネス[*20]が十分進んでおらず、そこに障がい者に対する認識のギャップが入り込む余地があるということを意味しているように思われます。ただ、これは、日本だけの現象ではないかもしれません。

毎日新聞論説委員の野沢和弘さんは、社会保障がしっかりしているイメージのあるオランダの障がい者雇用の現場視察を通して、オランダでは障がい者は工場などで単純作業を行うのが一般的だが、日本では、障がい者がオフィスで健常者とともに仕事をしており、日本のほうが進んでいる、とお話ししています[*21]。オランダの場合、「知る人ぞ知る」度合いがより大きいかもしれません。比較研究の必要があるでしょう。

いずれにしても、このように気づきにくく、引き出しにくい能力であるため、企業のなかには、障がい者を雇用しながらも、健常者社員と接触しないようにしたり、特例子会社を作って障がい者を雇用し、本社では雇用しない、もしくは、本社で雇用したとしてもせいぜい軽度の身体障がい者だけという場合もあったりと、障がい者の能力を引き出し、経営にとってのプラスにつなげることができていない企業もあります。大変もったいない気すらします。

では、どのようにしたら、障がい者の能力を引き出し、経営上の効果につなげることができるのでしょうか？　事例から読み取ることができますので、冗長に思われるかもしれませんが、次章で、障がい者雇用で得られる効果を整理したうえで、障がい者雇用を経営上の効果につなげるポイントを９つあげておきましょう。

＊19　障がい者と健常者が区別されず、ともに社会生活を送ることが正常であり望ましいとする考え方。
＊20　障がいという個性を排除せず、社会のなかで有効に活かしていこうとする考え方。
＊21　神奈川県中小企業家同友会障害者委員会特別例会における講演「マスコミが考える、新しい時代の『障害者雇用』とは？」２０１３年７月22日。

第4章 こうすれば障がい者雇用で業績が上がる

1 障がい者雇用の経営上の効果

これまで述べてきたように、障がい者雇用は、組織内マクロ労働生産性を改善するという経営上の効果を生み、元気な経営をもたらしてくれます。この効果は、障がい者雇用が生む効果なので、健常者だけを雇っていては得られませんし、気づくこともありません。

また、その効果は、障がい者がいるだけで生ずる場合もありますが、障がい者に効率よく、安全に、やりがいをもって働いてもらう工夫や努力を重ねるなかで生み出されてゆく場合も少なくありません。つまり、採算がとれるように、障がい者の組織内ミクロ労働生産性を改善しようとする社内の取組みが、組織内マクロ労働生産性につながる場合が少なくないのです。もちろん、それは簡単ではありません。工夫や努力を経営上の効果につなげるために、気をつけねばならないポイントもあります。図で表現すると、図4−1のようになります。

次項では、障がい者を雇用すると、どのような組織内マクロ労働生産性改善効果が得られるのかをあげ、それを説明するなかで、障がい者の組織内ミクロ労働生産性を改善するためのいかなる取組みがそのような効果を生むのかを解説し、さらに、項を改めて、障がい者雇用を経営上の効果に結びつけるポイントを解説しましょう。

図4-1　障がい者雇用を会社の業績につなげる構図

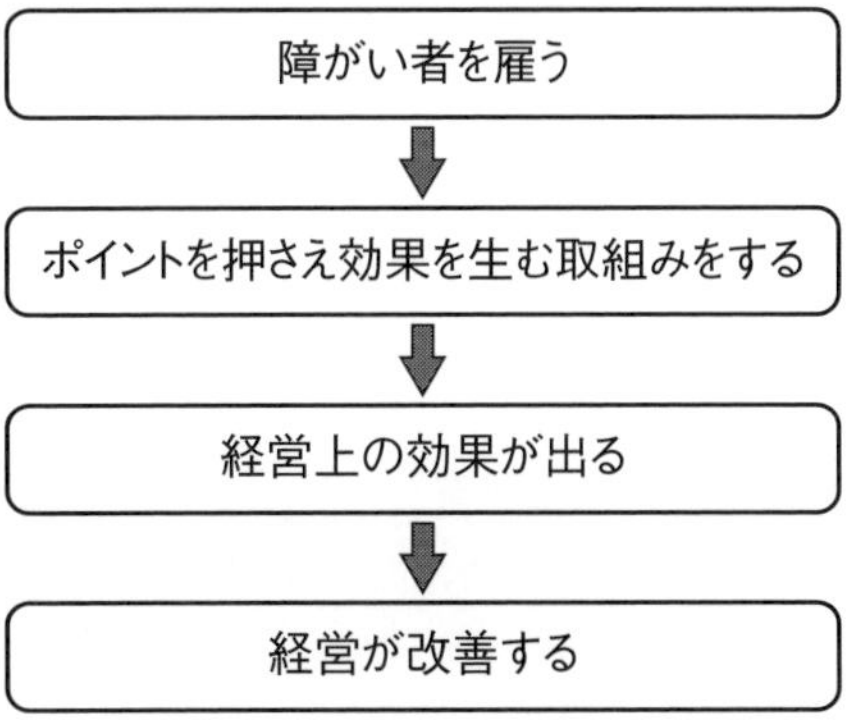
障がい者を雇う
ポイントを押さえ効果を生む取組みをする
経営上の効果が出る
経営が改善する

2 障がい者雇用で得られること

人材育成のノウハウができる

障がい者を戦力にするために、人材としての育成は不可欠です。作業内容をわかりやすく説明したり、根気よく繰り返し教えたりすることが必要です。

牛タンの定食で有名な「ねぎし」を新宿区などで展開する「株式会社ねぎしフードサービス」では、1人の社員が障がい者につきっきりで業務を教える「ブラザー／シスター制」をとっています。障がい者は、臨機応変に、わからないことを誰かに尋ねるということができない場合もよくあるので、わからないことがあったら、必ずこの先輩に質問するように、という工夫です。

また、口頭で伝えるだけではなく、紙に書いて貼るなどの方法も必要です。それぞれの障がいの特性に合わせた指導が必要なのです。そこで、第2章のいずれの会社も、工夫や配慮をしていました。

ただ、障がい者の訓練については、さまざまな考え方があります。例えば、NPO法人「ハンズオン！　埼玉」事務局長若尾明子さんは、「できないんだからしょうがない」というスタンスで接します。あるいは、職業に就く前に行われる訓練は、かえって本人のやる気をそぐとして重視せず、仕事に従事するなかで適性や関心がわかるとするＩＰＳ（Individual Placement and Support＝個別就労支援）の立場もあれば、訓練をリハビリにたとえて、負荷をかけて訓練せねば、企業が求めるような仕事ができる人材にならないとする、千葉県の「ひだクリニック」のような考え方もあります。

このように多様な考え方がありますが、障がい者にあまり負荷をかけると、体調を大きく崩し、入院措置が必要になる場合もあるため、一般的には、福祉関係者は、安全策をとり、早めに作業を切りあげたり、休ませたりする傾向があります。

しかし、一方で、バニーフーズは、忙しい時に、それまでとは違う仕事をやってもらうことがあり、その結果、障がい者の仕事に広がりが出て、やりがいにもつながっています。羽後鍍金《うごめっき》では、質の高いメッキ作業ができるよう現場で訓練し、戦力にまで育てていて、障がい者社員を支援する外部のジョブコーチがついたこともありません。現場が良い訓練の場になるわけです。

そこで、障がい者の体調と、生産性や訓練との折り合いをつけることが重要となってきます。この点では、個々の特性やその日の体調を見極めながら作業を割り当てることによって、障がい者への負担の軽減と生産性を両立させているリプロ／ユーユーハウスの例が参考になります。

障がい者を人材として育成するにあたっては、このようにきめの細かい対応が必要となるのですが、そのノウハウは、健常者の育成にも応用できます。

業務に合った人材がほしい、業務を高度にこなせる人材がほしいと考える企業は少なくないでしょう。しかし、その延長上で、「業務ができないやつはいらない、辞めてしまえ」も生ずるように思います。これでは、人は育ちませんし、会社や経営層への求心力は失われます。それに対して、人を育てるという姿勢やノウハウが、障がい者雇用で身につくのです。

その例は、甲斐電波サービスに見出せます。障がい者を育てることを通して、社長が健常者社員の小さな変化に気づくことができるようになり、それによって、社長と社員の信頼関係や社長に対する求心力、社員の仕事に対する前向きの姿勢が生まれていました。

特に、中小企業の場合、すでにある程度の技術や知識をもった人材を中途採用することが多いために、新卒や他業界から移ってくる新人の育成が十分でないことがしばしばあります。それに対して、障がい者を雇用することで、きめの細かい育成ノウハウを形成することができます。なお、横浜市にある株式会社大川印刷のように学生のインターンシップを受け入れることによって、人材育成のノウハウが形成されるという話もよく聞きます。

社内の業務の流れが改善される

甲斐電波サービスの事例で見ましたが、障がい者用の仕事を切り出すためには、業務の流れを見直す必要があります。

また、障がい者に効率的に仕事をしてもらうためには、仕事の流れや一つひとつの業務をわかりやすくしたり、作業がしやすくなるような機器や安全性を高める機器を導入したり、といった工夫が必要です。バニーフーズでは、作業を書き出して、それに○をつけるという工夫をしていました。

障がい者にとってわかりやすかったり、取り組みやすかったりするのであれば、健常者であればなおさらと言えます。健常者の理解力に頼っていると、ミスや事故が発生しかねません。作業や業務がわかりやすくなると、健常者社員も、作業がしやすくなり、効率が上がったり、ミスがなくなったり、事故が少なくなったりといった効果が得られます。リスクマネジメントができていることになります。

もちろん、障がい者を雇用しなくても、業務の流れや作業環境の見直しは必要ですし、可能ですが、日々の業務に追われ、なかなかできないのが実情です。それが、障がい者の雇用をきっかけとして可能になるのです。リスクマネジメントのためには、業務に人を合わせるのではなく、人に合わせて業務を整理する観点も重要ですが、障がい者雇用によって、その観点やノウハウが身につくのです。

このような効果は、障がい者雇用をきっかけとして、社内の制度を整備することで生まれる効果であり、制度の整備を介して間接的に生まれる効果です。

職場環境が改善される

障がい者が健常者に直接影響を与えることによって得られる効果もあります。リスクマネジメントや職場の雰囲気改善といった効果が見込めます。

❶リスクマネジメントにつながる

横浜市の石井造園株式会社では、2011年に精神障がい者の実習を受け入れます。造園業では、チェーンソーや刃物など危険な道具を使いますが、実習生を受け入れたことによって、けがをさせないようにと、作業中の安全に気を配ったり、作業が終わったらすぐに道具を片づけたりと、健常者社員の安全意識が高まるという効果が生まれています。それまでも工事中の事故はありませんでしたが、事故のリスクをさらに低減させているという意味で、リスクマネジメントにつながっています。

前節の間接効果の例に似ていますが、こちらは、障がい者の存在が、社員の意識に直接働きかけることによって生まれる効果です。

❷ 職場の雰囲気が改善される

バニーフーズやリプロのリネン室、甲斐電波サービスの事例では、障がい者が健常者のなかで仕事をすることによって、職場の雰囲気を良くし、人間関係を改善していました。障がい者のまじめな姿勢や裏がない人柄に接して、周囲の心が解きほぐされたり、障がい者にわかりやすく教えようと配慮する姿勢が健常者社員間でも生まれたりして、人間関係が良くなるのです。ということは、このような効果は、知的障がい者や精神障がい者が生む可能性が高いと言えます。第3章で、「ミックス（知的障がい者と精神障がい者との両方に接触している場合）」が、障がい者に対するイメージを最も改善させていた背景には、このような状況があることがうかがえます。

このような効果は、健常者をいくら集めても生まれません。障がい者が職場にいるからこそなのです。それゆえ、第3章で見たように、「障がい者パフォーマンス」が健常者社員の精神健康度や仕事満足を改善し、「社内改善力」が業績に結びついていたのです。

障がい者社員のおかげで、社員が優しい気持ちをもったり、相手を思いやる姿勢がある職場になれば、健常者にとっても働きやすい職場になり、効率が上がったり、良い仕事ができたりといった効果が期待できます。また、その雰囲気は、社員と接する顧客にも伝わり、顧客の満足や評価につながるであろうことは容易に想像できます。反対に、社内の人間関係が悪いと、社員のストレスがたまったり、仕事の質が低下したり、顧客による評価が下がったりと、良いことはありません。

健常者社員が前向きに取り組むようになる

障がい者は、業務に熱心に取り組んだり、裏表がなかったりすることがよく指摘されます。甲斐電波サービスのせいけ君も、声をかけないと休憩を取らないほど、一生懸命仕事をします。バニーフーズのえみちゃんも、仕事をほめられると、満面の笑みを浮かべますし、バニーフーズが大好きで、会社で働きたい一心でつらいリハビリを乗り越えます。

健常者ですと、ほめられても、恥ずかしがったり、素直に受け取らないこともよくありますし、小さな不満が蓄積して、仕事や会社に対する前向きの姿勢が失われていることもあります。しかし、障がい者は、ほめられてうれしい、この会社で働けて本当によかったという気持ちを素直に言葉や態度に表します。

その姿勢や言葉に、経営者も励まされますし、健常者社員も働くことの喜びがあることを再認識し、それまでの自分の姿勢を振り返り、反省し、前向きに取り組むようになったりするのです。この点も、前節の職場環境改善の例と同様、障がい者がいるからこそ生まれる効果です。健常者社員同士では、なかなか生まれない効果なのです。

健常者社員の仕事に関する満足度が上がったり、前向きの姿勢になったりすれば、おのずと生産性が上がったり、良い仕事ができるようになっていくであろうことは、容易に想像できます。障がい者の存在が、健常者社員の働き方に大きく影響するのです。

適材適所のノウハウが形成される

障がい者の個性は健常者よりも多様です。例えば、知的障がい者は、健常者では飽きてしまって続けることが難しい単純作業をずっとやり続けるとよく言われます。また、人と接することが苦手だけれど、環境が整えば非常に高いレベルの仕事をこなす精神障がい者がいます。それぞれが能力を発揮できる仕事とのマッチングが大事です。

羽後鍍金では、そのためにたくさんの実習生を受け入れ、適性を見極めていました。また、リプロ／ユーユーハウスでは、朝、障がい者社員の体調をチェックしてその日の業務を割り当てるという工夫をしていました。

特に多様性に富む精神障がい者・発達障がい者に特化して就労移行支援を行う横浜の「一般社団法人ペガサス」では、各人の特性や能力を詳細に把握し、それに基づいてそれぞれに合った訓練プログラムを適用しています。精神障がい者の就労を進める体制として、不可欠の要素と言えるでしょう。

このような適材適所を志向した取組みは、障がい者の生産性を上げるだけではありません。三越伊勢丹ホールディングスの特例子会社「株式会社三越伊勢丹ソレイユ」では、伝票にスタンプを押したり贈答用リボンを作ったりといった付帯業務を知的障がい者にまかせることにより、スタンプはきれいに正確に押され、リボンは長さも切り方もきれいにそろったものができます。知的障がい者は、こだわりをもって作業を行ったり、反復される単純作業に能力を発揮したりするので、マッチした仕事と言えます。しかし、この事例の意味はそれだけではありません。

付帯業務を障がい者が担うことによって、健常者社員が接客に集中でき、仕事の質や生産性が上がり、お客さんからのクレームや残業が減るという効果を得られています。バニーフーズは、障がい者に単純作業をまかせることによって、まさにこのような効果を生み出していました。

戦略的観点が身につく

事例に見られるように、障がい者を雇用した場合、人材としていかに活躍してもらうかという観点で対応すれば、障がい者の生産性を上げるだけでなく、上記のような効果を得ることができます。社員の能力を引き出し、人材として活躍してもらうための戦略が身につくのです。

また、どの事例でも、生み出す製品やサービスの質（や付加価値の高さ）を重視していました。障がい者を雇用したことが評価されて製品が売れていくかというと、世の中、それほど甘くはありません。社会性は、品質に上乗せされるリボン程度にすぎないのです。そこで、障がい者を雇用することを通して、社会性に頼らない経営の観点が形成されることになります。一方、第6章で論ずるように、品質や付加価値は、現代の経営戦略における不可欠のポイントです。ということは、障がい者の雇用を通して、現代という難しい時代を生き抜く戦略的観点を身につけることができるのです。

付加価値を上げる戦略について、もう少し解説しておきましょう。労働生産性は、「会社全体の付加価値÷従業員数」ですので、付加価値を上げれば、生産性は改善しますし、費用対効果も改善します。付加価値を上げるためには、2つの方法があります。

❶作業や製品の見方・解釈を変える

作業内容は変わらないが、作業にこれまでにない意味をつけ加える工夫です。

都内にある特例子会社「サンクステンプ株式会社」では、グループ会社から社内ごみの回収作業を請け負っていましたが、外注のほうが安上がりなのではという声があがります。そこで、社内ごみの回収作業に「情報セキュリティ」という意味をつけ加えることによって、作業の付加価値を格段に高めることに成功しました。つまり、社内のごみには、顧客の情報や社外秘の情報が含まれている可能性があります。安いからと外注した場合、外注先の社員が重要な情報を目にする可能性がありますし、それを持ち出す可能性もゼロではありません。情報流出不祥事につながりかねません。高度なリスクマネジメントとしての情報セキュリティの取組みが必要になります。

まず、特例子会社を使えば、社員専有部分に外部の者が立ち入らないようにすることができます。しかし、特例子会社を使う意味はそれだけではありません。情報セキュリティの取組みのためには、知的障がい者がカギを握るのです。知的障がい者は、黙々と作業を続け、記載されている情報にいちいち関心を示しませんし、まじめに作業をするので、持ち出すようなこともありません。ごみの回収ですと誰でもできますし、それほど付加価値が高い仕事ではありません。

しかし、情報セキュリティは、極めて重要で付加価値が高く、付加価値が高ければ費用対効果や労働生産性は、高いことになります。さらに、この事例の優れた点は、知的障がい者の特性を活かし、「障がい者でもできる」ではなく、「障がい者だからこそできる」という構図になっていることです。障がい者雇用の意義を印象づけることになります。

❷ 作業や製品の質を改善する

障がい者を雇用していることを「売り」や言い訳にせず、質の良い製品を作ったり、いい仕事をしたりするということです。質の高い製品やサービスの付加価値は高くなります。バニーフーズ、羽後鍍金、ＰＧＳＪのいずれも、質にこだわり、業績に結びつけています。リプロ／ユーユーハウスのシイタケやイチゴも良質です。

ＮＰＯ法人「ハンズオン！　埼玉」の若尾明子さんは、ＰＧＳＪと同様の取組みをしています。つまり、クッキープロジェクトを展開し、パレスホテルのシェフやデザイナーなどの協力を得て、おいしい、売れるクッキーを作ったのです。ＰＧＳＪの椎名社長は、売るために品質にこだわりましたが、若尾さんは、「おいしくないのはいやだから」という理由でおいしさにこだわります。両者はアプローチが違いますが、到着点は同じです。

つまり、椎名さんは、経営の立場で買う側のニーズを読むというアプローチをしていますが、若尾さんは、買う側としての自身のニーズからアプローチしています。両者とも、買う側のニーズをとらえるものであったので、売れるクッキーになったわけです。

ただ、障がい者を雇えば、上記のような効果が転がり込んでくるわけではありません。どの事例でも、乗り越えた壁がありますし、本書で記すことができなかった失敗や苦労があります。障がい者を雇用して、経営にとってプラスになる効果を手に入れるために、気をつけなければならない９つのポイントをあげておきましょう。

3 経営上の効果を生むための9つのポイント

1 障がい者雇用が経営戦略であることを理解せよ

障がい者の能力を引き出し、経営上の効果につなげるために、障がい者雇用が経営戦略になりうることを理解し、意識的に取り組むことが大事です。

そもそも「障がい者雇用は、経営戦略になるんだ」と思って取り組まねば、障がい者の能力を見抜いたり、その能力を経営的な意味に結びつけるためのアンテナを張ることはできません。アンテナを張っていなければ、経営上の成果を導くことは難しいのです。

しかし、第1章でもふれましたが、「障がい者雇用は社会貢献だ」という声を時折聞きます。つまり、経営上負担になる障がい者を雇用することは、社会貢献に他ならないという意味です。既述のように、この視点には、3重の問題があります。

1番目の問題は、障がい者を役に立たない存在として見ていることです。この観点が、障がい者に対する差別意識にもつながっていると言えます。社会に貢献する取組みをしようとする姿勢は大事ですが、それが図らずも差別意識につながるのであれば、悲しいことです。

また、この表現は、障がい者を人材として活用できていないことを意味します。これが2番目の問題です。

さらに、日本では、メセナやフィランソロピーが顧客評価につながると期待されたこともありましたが、効果が期待されたほどではなかったこともあって、社会貢献は、経営上の意味がない活動と誤解されてきました。ここでは、この意味で「社会貢献」という表現が使われています。これが3番目の問題です。

障がい者雇用は、経営にとっても、障がい者やその家族にとってもプラスになるWIN－WINの経営戦略です。この点をしっかり自覚し、前向きに取り組むことが必要です。企業と社会の両方にプラスになる戦略を考えることは、難しい現代を生き抜くのに不可欠で、そのような観点を提唱するＣＳＲ（企業の社会的責任）が注目される背景になっているのです。

ただ、CSRは難しい側面があります。誤解も多く、間違いも目につきます。押さえなければいけないポイントもあります。非常に重要な部分ですので、CSRについては、章を改めて解説することにしましょう。

2 社長はブレるな

大企業であろうと、中小企業であろうと、社長は会社の軸です。その社長の方針がブレずに、安定したものであると、社員にとっては、目指す方向が明確に示されていることになりますので、仕事に集中し、力を発揮することもできます。

朝令暮改の場合、どの発言に従ったらよいかわからないですし、いつ発言が変わるかわからないので、社員は、方向を定めて集中して力を発揮することができません。社長への不信感も募りますから、経営層や会社の求心力は失われていきます。

第2章で見たすべての事例に共通していたのは、社長が経営側のキーパーソンであった、ということでした。特に、中小企業は、社長が社員と一緒に作業をするなど、社員と社長の距離が近いので、障がい者雇用に関する社長の方針や姿勢、言動は重要です。障がい者を受け入れる、可能性を信じる、戦力に育てる、などといった方針や方向性を決めたら、ブレずにそれを率先して実行することが大事です。実行する姿は、社員がお手本とする具体的な対応のあり方です。方針と実行のセットは、社長の方針を具体的な行動に移したらどのようになるかを、社員に理解させることにつながります。

羽後鍍金《うごめっき》では、健常者社員が自然に障がい者社員に手を差し伸べる体制ができていました。黒岩社長が辛抱強く障がい者社員を育てる姿を見て、健常者社員は、障がい者社員に対する接し方を具体的にイメージできているのです。

この点は、障がい者雇用に関してのみ言えるのではありません。業務のあらゆる局面で言えることです。社長がブレていない場合、社長の言動は、「経営理念」と同じ機能をもってきます。経営理念とは、会社の柱をなす根本的な考え方や方針です。そこで、ブレないためには、自分の思いや方向性を自社の経営理念に結びつけて説明するとよいです。そして、社員に具体的に理解させるために、自分の行動で示したり、具体的な行動に移したらどのようになるかを、社員の事例で説明したりすると効果的です。

社長の言動がブレずにしっかりしていて、社員が、社長の方針を自分の業務に具体化させるとどのようになるかを実践的に理解するまでに至っていると、社員は信念を持って仕事に集中できます。また、社員間で業務に関する考え方が共有されることになり、業務がスムーズに流れますし、社員によって言動が異なるという事態を回避でき、顧客の会社に対する信頼にも結びつきます。

ただ、時代が変われば社会も変わります。時代に合わせて方針を変える必要がある場合もありますので、注意が必要です。

3 マッチングを見極めろ

障がい者に合う仕事を切り出すことと、その仕事へのマッチングを見極めることは大事です。加えて、会社に溶け込めるかどうかをチェックすることも重要です。

障がいの特性を把握し、障がい者が担うことができそうな形で仕事を切り出すことができれば、雇用を現実のものとする下地ができます。下地ができるという意味は、それだけでは、雇用の条件としては不十分ということです。経営上の成果につながる雇用にするためには、その仕事に合う人材を見極めることが必要になってきます。「仕事と人材の相性そのもの」や「相性の良い関係を作り出すこと」を「マッチング」と言います。マッチングがうまくいくと、障がい者本人もやりがいを持って働くことができますから、辞めずに働くことにもつながるでしょう。

ですから、障がい者を雇うことを優先するあまり、マッチングを無視して雇用してしまうと、生産性も上がらず、本人もやりがいを感じずに辞めてしまう可能性があります。また、仕事へのマッチングだけではなく、会社の雰囲気や人間関係になじめるかどうかも大事です。なじめない場合、会社に通い続けることが苦になり、辞めてしまう可能性が高まります。

羽後鍍金では、マッチングを見極めるためにたくさんの実習を受け入れていました。リプロ／ユーユーハウスでは、朝のミーティングの様子で仕事を割りふるという徹底ぶりです。甲斐電波サービスは、実習を重ねることによって、受け入れやすくなっていました。

バニーフーズでは、忙しい時には、通常の仕事以外もやってもらわざるを得ないことがありますが、それによって、それまでできなかった仕事、やったことのない仕事ができるようになり、障がい者と仕事とのマッチングの幅が広がっています。

仕事や会社に対するマッチングを見極めるためには、羽後鍍金や甲斐電波サービスのように、実習に来てもらうとよいでしょう。なお、各地の中小企業家同友会の事務局に電話をすれば、すぐに実習生を紹介してくれます。

4 相談相手や業務連携のネットワークを作ろう

社長仲間や障がい者支援団体、行政、研究者、医療機関などと相談できる関係を作っておくことが必要です。つまり、相談のネットワークを作るのです。

障がいの特性は、健常者の個性に比べて、多様性に富みます。障がい者を雇用する場合に、障がいに合った仕事を割りふることができると、生産性も上がりますし、本人のやりがいにもつながりますが、マッチングは、簡単ではありません。障がいの特性やそれに対応する仕事、自社がそのような仕事をいかに切り出すかなど、整理せねばならないことが多々あり、なかなか難しいものがあります。

また、社員が障がい者への対応に関する知識がなく、社内の関係がスムーズにいかない、特殊な機器の導入が必要になったなど、障がい者を雇用すると、障がい者への対応にかかわるさまざまな課題が見えてきたりします。

そのような場合に、相談に乗ってくれたり、留意点を教えてくれたりする人や組織とのさまざまなつながりがあると、大変心強いものです。そこで、実習生を探す際に協力してくれたり、雇用の際に留意事項を教えてくれたり、雇用してからの相談に乗ってくれたりと、自分たちだけですべてを処理したり、対処したりすることが難しい場合に、効果的なサポートをしてくれるネットワークを作っておくことが大事です。

ＰＧＳＪは業務上のネットワーク作りに長けていました。また、羽後鍍金やバニーフーズ、甲斐電波サービスが障がい者を雇用するきっかけも、社長が社長仲間から助言を得たり、中小企業家同友会で学びを得たりしていたことにありました。

外部の資源を自社のためにいかに安価に、効果的に使うかは、企業にとって腕の見せ所でもあります。

5 障がいや取組み事例、法令に関する知識を集めよ

社長や社員の姿勢が前向きでも、障がいや他社の事例、法令、助成金、などに関するさまざまな情報を集めることは必要です。常にアンテナを張っているようにしましょう。

障がい者を雇用するにあたっては、行政や就労支援組織などがサポートしてくれることもありますが、やはり企業自身が障がいに関する知識をもつことが必要です。リプロ／ユーユーハウスやバニーフーズの例で見たように、障がいによって、相手にかける言葉を選ぶ必要があることもしばしばです。また、仕事とのマッチングを見極めるためにも、障がいに関するある程度の知識は必要です。

さらに、雇用にかかわる他社の取組みは、参考になる場合があります。ただのまねではうまくいかないことが多いのですが、努力を重ね、いろいろと工夫をするなかで、壁につきあたった場合には、自社の何が問題なのか、何が足りないのかが何となくであっても把

握されていることもあります。その状況は、事例を自社のために取り入れる土壌が形成されているとも言えます。そのような場合は、事例に学ぶことは多いと言えます。

さらに、法令についての知識がないと、うっかり法令違反を犯す可能性もあります。また、財務的に厳しい中小企業にとっては、助成金や補助金を効果的に活用することは、重要です。

情報は、重要な経営資源です。障がい者雇用を経営上の効果に結びつけるためには、有益な情報を効果的に活用することが不可欠です。

6 現場のキーパーソンを探せ

社長の方針が望ましいもので、ブレていなかったとしても、常に社長が障がい者に寄り添っていることは無理です。仕事をする際には、社員間の距離が極めて近くなりますから、障がい者が会社や仕事に慣れるまで、社員のなかに、障がい者の面倒をみたり、助言をしたり、といった存在がいることが必要です。

どの事例でも、現場にキーパーソンがいました。キーパーソンは次のような役割を果たす存在です。

・障がい者社員が仕事をこなすことができるよう、現場でアドバイスをしたり、指導をしたり、相談相手になったりする。
・障がい者社員が会社にとけこめるよう、他の社員との関係をとりもつ。
・障がい者社員を温かい目で見て、障がい者社員に安心感を与える。

このようなキーパーソンがいると、障がい者自身の労働生産性を高めたり、社内に良い影響を与える能力を引き出すことが容易になってきます。

また、障がい者も仕事が面白くなったり、会社への求心力を形成したりすることによって、せっかく勤めた会社を辞めずにすんだりすることになります。

「ねぎしフードサービス」のような、1人の社員が障がい者につきっきりで業務を教える「ブラザー／シスター制」もよいでしょう。障がい者は安心して会社に来ることができますし、担当の社員は、人にものを教えるコツがつかめてゆきます。

なお、キーパーソンは、障がい者に慣れている必要はありません。もちろん、第3章で見たような接触の相乗効果も期待できますし、慣れていたほうが受け入れやすいかもしれません。その点では、統合教育＊22も重要と言えます。しかし、それは、必須条件ではありません。PGSJの椎名社長が指摘するように、仕事を前向きに頑張ろうとする者や親のように時には厳しく時には温かく接することができる者などが、キーパーソンとしての素養を持っていると言えるでしょう。

これに加えて、障がい者雇用や社会貢献は、これまでにない業務領域の性質をもちます。この点では、リプロ／ユーユーハウスの高山さんのように、新たなつながりのイメージを

＊22 障がい児と健常児が同じ場所で教育を受けること。

形成しまとめる能力に長けていることも、重要な素養として指摘することができます。

7 障がいは個性だ

「障がい者は、普通の人とは違う特別な存在」と考えると、構えてしまいます。しかし、障がいを個性と考えると、「その個性に合った仕事や作業は……」と思考が展開していきます。

「障がい者は、健常者とは異なる、異質な人たち」というイメージをお持ちの方もいらっしゃるのではないでしょうか？　しかし、障がいは、多様な個性の1つにすぎません。健常者も多様です。われわれ大学教員など、「変わり者」「企業の世界では通用しない人」と言われることもしばしばです。

1つの個性と考えれば、「この人の個性を活かすにはどうしたらよいか」「この人の個性に対応する業務は何か」という発想につながりやすくなります。適材適所を常に考え、多様な個性に柔軟に対応するノウハウが形成されることになります。

リプロ／ユーユーハウスの高山さんは、精神障がい者をリプロのリネン室で受け入れる際、社員たちに「特別なことは何もしないでいい。個性と考えて」と助言し、受け入れがうまくいきました。個性と考えて、個性を活かすアンテナを張りつつ対応してゆくと、対応のノウハウも自然に形成されていきます。

羽後鍍金が、障がい者を重要な戦力にできているのも、個性に対応し、戦力に育てているからです。

しかも、多様性に対応できるノウハウが社内に形成されると、人材の育成や適正配置ができたり、それによって社員満足が向上したりという、大きな収穫につながります。つまり、健常者の個性もさまざまです。仕事の関係や友人関係では、似たような人々が集まる傾向があるので、健常者と障がい者という区別をしてしまうかもしれませんが、健常者も多様な人々からなります。

特に、第6章で解説するように、対自的感性主義の傾向をもつ現代社会においては、自分の感性や個性、やりがい、働きがい、自己実現を大事にするようになってきました。感性は、個性の主要な構成要素になるので、人の多様性は高まります。

やりがいや生きがいを求め、自分の個性が活かされているかを仕事の現場で問う社員が増えたら、会社はどうなるでしょう？　やりがいや充実を与えることができない会社は、優秀な社員がどんどん辞めていくことになりかねません。

「最近の若い奴は、我慢を知らない」とぼやく社長や管理職の方の声をしばしば聴きます。しかし、我慢を知らないというより、ニーズが変わってきていると考えたほうがよいです。多様性に対応するノウハウを育て、一人ひとりの社員のニーズに対応することができれば、良い人材を育てたり、良い人材が多く集まることにもなるでしょう。

8 健常者社員との接触を大事にせよ

社内の人間関係や雰囲気、コミュニケーションなどが良くなることによる組織内マクロ労働生産性改善効果を引き出すためには、障がい者を雇うだけではダメです。第3章で明らかにしたように、障がい者社員と健常者社員が一緒に仕事をするからこそ効果が出るのです。

本書でも障がい者雇用という表現を使っていますが、雇用をしているということと、健常者社員と障がい者社員が仕事の場で接触があるということとは異なります。障がい者用の作業部屋を用意して、隔離していたのでは、第3章で扱ったような組織内マクロ労働生産性改善効果は得にくくなります。それゆえ、単に雇用しているかどうかではなく、接触があるかどうかをポイントとして研究を行ったわけです。

さらに、私の研究領域から言うと、この「接触」という現象は、時代に即した非常に重要な意味があります。障がい者との接触が、組織内マクロ労働生産性改善効果を生むという現象は、現代という時代に即した現象であると言うことができるのです。それゆえ、生き残るために時代についていこうとするのであれば、単に雇用すればよいのではなく、接触に気をつける必要があるということになります。

つまり、第6章で扱うように、現代は、対自的感性主義という、感性がカギを握る社会となりました。感性は、人やモノなどの対象との接触によって情報を伝達する機能をもちます。物質的な財貨より、サービス財のように形を取らず、人と人との接触による提供を特徴とする財が増えたサービス経済化と言われる現象も、対自的感性主義の一端をなします。

なお、感性によって伝わる情報を「感性情報」と言い、人間同士の間で、伝わった感性情報に同調している場合、共感という表現をします。

当たり前のことですが、われわれのコミュニケーションには、感性の作動が不可欠で、社内でのやりとりにも必要ですし、顧客の細かいニーズは、直接会って話を聞き、事情や思いを把握することによって初めて見えてくる場合も少なくありません。特に、自分の感性を大事にしたり、自己実現を図ろうとしたりする人が多い社会では、感性の作動がさまざまな意味で重要になってきます。このような点をとらえて、現代は対自的感性主義と呼べるのです。

仕事の現場で、障がい者社員と健常者社員との接触が組織内マクロ労働生産性を高めるのも、このような時代に即した現象と言えます。
したがって、企業は、法定雇用率を確保するための雇用をして安心するのではなく、障がい者社員と健常者社員の良い接触をコーディネートする観点が必要です。

9 社会性に頼るな

どの事例でも、障がい者雇用を売りにして、顧客の評価を引き出し、ものを売りつけようなどと考えていません。顧客が評価する品質に力を入れることが絶対条件です。

企業の社会貢献は、社会の評価を受ける可能性があります。評価を受ければ製品が売れるかもしれません。しかし、社会性で製品を売ろうとしてはいけません。社会性が評価されて販売に結びつくこともありますが、結びついたとしても、期待したほどの販売に結びつかないことがほとんどです。

なぜなら、社会が豊かになり、人々が高い品質を求めるようになってきたからです。加えて、自分の個性や生活スタイルに合ったものを選ぶようになってきているからです。このような社会では、「品質は低いけど、障がい者が作ったものだから買ってください」では、社会性に共感する人がいて、多少は売れるかもしれませんが、品質の点で十分な訴求力を持たないため、思ったほど売れないということになります。

第2章であげた事例でもそれは明らかです。バニーフーズやPGSJ、リプロ／ユーユーハウスは、おいしいから売れるのです。羽後鍍金はメッキの品質が良いから顧客に評価されるのです。甲斐電波サービスも、社内のコミュニケーションや人間関係が良くなることによって、経営の品質や業務品質が良くなっているはずです。4期連続黒字達成という実績がそれを物語っています。

むしろ、社会性を売りにすると失敗すると考えたほうがよいです。顧客が求めるのは品質であって、社会性は、差別化につながることもありますが、品質に上乗せされる飾りです。言い換えれば、社会性は、品質が悪かったり、付加価値が低いにもかかわらず高かったりすることの言い訳にはならないのです。したがって、品質を高めるために、障がい者の能力を引き出そうという姿勢が、まず第一に重要です。

4 障がい者雇用で本当に成果を出すために

時代を理解しポイントの意味を把握しよう

障がい者を雇用し、以上のようなポイントを押さえた取組みをすれば、経営上の効果を得ることができ、その結果、業績が改善される可能性が高まります。

ただ、ここで解説したポイントをやみくもに実践するだけであったり、耳にした他社の取組みをまねるだけであったりでは、うまくいきません。自社には自社にあった取組みが必要で、そのためにポイントを活かしていくことが必要です。

このことを理解して、本書のアドバイスを活かすためには、現代という時代の特性を理解する必要があります。時代の特性を理解すれば、なぜ自社には自社にあった取組みが必要なのかがわかり、どのような観点で自社にあった取組みを考えればよいのかが見えてきます。詳しくは第5章以降でお話しますが、時代の特性と、時代に対応するために必要な観点について、簡単に解説しておきましょう。

現代とは

現代は、社会が複雑になり、表面的な取組みや練られていない取組みでは、社員、顧客、株主、地域住民などのニーズには応えられず、社会の評価は得られなくなりました。すなわち、現代は、物質的に豊かな社会となり、経営や企業活動のあり方や製品の品質に対する人々の要求水準が高まるとともに、個性や生活スタイルに合ったものを選ぶ傾向が生じてきました。日本でも、高度成長までとは異なり、社会の複雑さが増し、対応が難しくなっています。

他方、物質的な豊かさではあれ、豊かな社会ではありますから、自分の感性に合うもの、生活スタイルに合うもの、お得感があるものには、人々はお金を出します。

このような社会では、時代背景ないし社会の特性を把握して、顧客や社員などのニーズを読み、自社に合ったやり方で、きめの細かい練られた戦略を立て、的確な対応をしていくことが必要です。それをせねば、経営上の成果を上げることは難しいと言えます。障がい者雇用もこのような観点で進めることが必要なのです。雇えば簡単に経営上の成果が手に入るというわけではありません。

最も大事なのは、時代背景を理解することです。時代背景を理解するとは、時代の本質をつかむということです。時代の本質がわかれば、なぜ、障がい者雇用が経営上の成果に結びつくか、上記のポイントがなぜ重要かを本質的に理解することができ、自社への応用ができます。本質がわからないから応用ができず、自分で戦略を立てることができないので、他者をまねたり、一見便利なマニュアル本に頼ったりと、表面的な取組みに終始することになるのです。

例えば、障がい者雇用が経営上の成果に結びつくのは、障がい者が戦力になるからというだけではありません。

現代は、社会にとってのプラスと企業にとってのプラスをつなげ、両立させることこそ、企業が元気に経営を続けるためのコツと言える時代になったからです。環境保全や公害対策、国民の健康より、経済成長が優先される時代が日本にもありました。しかし、現代は、異なるのです。それに気づいて、新たな観点で企業経営にあたることが重要です。そのような観点がＣＳＲ（企業の社会的責任）です。

障がい者雇用とCSR

ＣＳＲとは、企業が新たな時代に適応し、生き残っていくために効果的な経営戦略を作るには、社会のプラスと企業のプラスを両立させることが不可欠であることを教えてくれる経営戦略的観点です。もちろん、社会のプラスと企業のプラスを両立させることは簡単ではありません。例えば、本書で扱っている障がい者の能力を簡単に引き出せるとは限りませんし、引き出せたとしても、業務内容や健常者社員の数などによって、障がい者を雇用するためのコストを超えるほどの効果につなげることができるとは限りません。ですから、法定雇用率を課さなくともよいとか、助成金をなくしてもよいとはならないでしょう。

しかし、法で縛るだけでは不十分です。法定雇用率を背景に納付金を課しても、障がい者の能力を引き出し、社内で活かす知識やノウハウがなければ、障がい者は、経営の負担と思われ続けることになりますし、負担になる分、助成を出せということになるでしょう。

必要であるのは、企業が障がい者雇用は経営にとって意味がある、つまり、経営戦略だと「気づき」、「自ら」障がい者の能力を引き出すノウハウを形成することです。気づくからこそ積極的に取り組めますし、企業の業務や仕事の流れ等によって障がい者とのマッチングはさまざまですから、企業がそれぞれに自ら取り組むことが必要なのです。そのためには、事例紹介では不十分です。企業に、気づきとノウハウをもたらす制度が必要です。

例えば、経営戦略的観点から、経営上の効果が生まれるように、業務の切り出し方や社内での対応のノウハウ、効率化の工夫、組織内マクロ労働生産性の改善へとつなげる工夫などについて、企業に直接アドバイスしたり、業務にマッチした障がい者を紹介したりする制度です。つまり、CSRの観点からのコンサルティングで企業をサポートする制度です。その一環で、さまざまな問題に直面したとき、医療機関や障がい者支援組織、行政、企業団体などが、経営者や障がい者の相談に乗ったり、解決策を提示したりする、ネットワークを整備する必要もあるでしょう。雇用後は、問題が生じても、企業内の問題なので企業が自力で頑張らねばならないというのでは、雇用は進みません。

さらに、経営上の意味を認識して障がい者を雇用している企業を助成したり、減税したりする制度も必要です。

社会にとって良い企業を育てるためには、「勝手に育つ」のを待つのではなく、支援をしながら、積極的に育てることが必要なのです。

誤解が蔓延するCSR

ただ、本書のアドバイスを参考に、障がい者雇用を経営戦略化しようとしたり、そのような企業を育成する制度を考えたりする前に、CSRについて理解することが必要です。あまりに誤解や間違いが多いからです。

最もよく見受けられるのは、CSRを経営上の意味がない、もしくは負担になる社会貢献活動のこととする誤解です。社会貢献活動は、CSRの一部にすぎず、また、残された経営戦略領域（第10章）という重要性をもつにもかかわらず、このような誤解がありました。誤解に基づいてCSRに取り組んでも、売上や収益などの経営上の効果を生むCSRになろうはずがありません。なぜ、このような誤解が生ずるかというと、CSRの本質を理解せずに、現実の企業の取組みを表面的に見るだけで理解しようとしているからです。

つまり、

①　CSRは、これまでとは異なる時代背景のもとで、強く求められるようになりました。したがって、時代背景がCSRの本質と深くかかわるのですが、時代背景も、CSRとの結びつきも理解されていません。

②　第5章でふれますが、CSRは、社会システムなので、社会や時代、企業の事情に

よって取組みが異なります。この点が理解されず、他国や他企業の例を表面的に見て、それが自社にも当てはまるCSRだと解釈する例が多く見られます。

③　CSRは、社会との接点で進められる取組みですから、社会にかかわるさまざまな学問領域からアプローチし、理解せねばなりません。例えば、市場経済が、企業の存続の条件として、利益を上げることを強いるシステムであることがわかっていれば、経営的に負担になるだけのものに取り組み続けることができるかどうか、すぐにわかるはずです。

この点では、マイケル・ポーターが提唱するCSV（Creating Shared Value＝分かち合える価値を生みだそう）の議論も、注意が必要です。ポーターは、経営上の意味と結びつかない慈善事業と解されたCSRでは経営戦略にならないとし、事業戦略／経営戦略となる取組みが大事だとします。そこで、本業（収益のための業務や事業）での取組みが必要という議論もよく耳にするようになりました。企業が戦略的観点から社会にも企業にもプラスとなる事業を行うことが大事であるという論点は、重要です。

しかし、CSRに対する評価については、注意が必要です。CSRを「経営上の意味に結びつかない」「社会貢献」だとする理解に問題があったのであって、誤解の存在をもってCSRそのものが間違いだということにはなりません。

そもそも、ＣＳＲは、企業と社会のWIN-WINの関係を提唱する観点なので、「分かち合える価値」を生むという議論は含まれています。言い換えれば、詰めが不十分で現実の企業のＣＳＲが効果的な経営戦略になっていなかったり、誤解して間違ったＣＳＲに取り組んでいたりしたとしても、ＣＳＲそのものが間違いであるということにはなりません。

実際、ＣＳＲを効果的経営戦略にできている企業も少なくありません。また、本業にかかわる取組みのほうが取り組みやすいですし、効率的とは言えますが、必ずしも企業の定款に記されている事業内容（「会社の目的」と言います）の枠内でなければならないわけではありません。本業でというのであれば、例えば、金融機関なら皆、マイクロクレジット*[23]に取り組まねばならないのでしょうか？　しかし、第11章でふれるように、金融機関の「ＨＳＢＣ」は、環境への取組みを、社員に対する効果的戦略につなげています。

乱暴な言い方かもしれませんが、時代が求める戦略を、ＣＳＲと呼ぼうとＣＳＶと呼ぼうとどっちでもいいのです。大事なことは、表層的な議論に惑わされず、時代の要求の本質を理解して、有効な経営戦略を導き出すことです。

企業のＣＳＲ報告書やホームページを見ると、適切かつしっかり取り組んでいるかのように見えます。しかし、担当者や経営者からお話を聞くと、十分にできていない部分も少なからずある、課題も結構ある、という悩みを聞くことが多く、特に社会貢献や環境への取組みに見られますが、経営戦略化できていないことが少なくない印象があります。

ＣＳＲは時代をとらえる経営戦略

ＣＳＲは、効果的な経営戦略を導く観点であり、その観点から導き出された取組みそのものでもあります。この時代を生き抜くためには、ＣＳＲへの取組みが重要です。それゆえ、横浜市や宇都宮市では、地域でＣＳＲに取り組む企業を育てる認定制度が作られました[*24]、印刷業界では、業界の企業をＣＳＲ企業に育てるための独自の認定制度を作りました。つまり、効果的なＣＳＲに取り組むことができれば、生き残りの道も開ける可能性が高まるのです。しかし、いまだにＣＳＲを社会貢献活動と混同したり、経営上負担になると誤解したりしている企業も少なくありません。

ISO26000[*25]の発行もあって、最近では、現代に必要な企業経営的観点についての理解が進んできていますが、まだまだです。そのため、効果的経営戦略に至っていないケース

＊23　貧困者や失業者など、一般的な商業銀行からの融資を受けられない人々に対する小額の融資。グラミン銀行の例が有名。
＊24　横浜市の制度の詳細は、影山摩子弥『地域ＣＳＲが日本を救う』敬文堂、２００８年、参照。
＊25　２０１０年11月にＩＳＯが発行した社会的責任に関する国際規格。

が散見されます。

戦略化できていないとどうなるかというと、社会貢献活動を例にあげれば、経営上の意味を感じていないので、形だけの取組みになり、したがって、景気が悪くなると負担になるからと、やめてしまうことになります。それでは、それまで寄付を受けてきたＮＰＯは困りますし、ＮＰＯの支援を受けてきた人も困ります。経営上の意味もなく社会貢献をしていると、このようになるのです。

しかし、経営上の意味が自覚できていると、意味があるからこそ続けられる、だからＮＰＯも社会も助かる、となります。ただし、「儲かるからやる」という経営姿勢はダメです。「利益を指標とするのはよいが、目的や姿勢とするのはダメ」ということです。効果的なＣＳＲのためには、ＣＳＲとは何か、どのようにしたら効果的なＣＳＲができるのか、しっかりした理解が必要です。次章以降で、時代の文脈を読み解くという観点から、ＣＳＲの解説をすることにしましょう。

II部

経営戦略としてのCSR

第5章 CSRの時代

1 CSRとは何か

「企業」「社会」の意味

ＣＳＲとは、Corporate Social Responsibilityの略で、「企業の社会的責任」と訳します。「企業の」という表現になっていますが、日本では行政機関やＮＰＯ、ＰＴＡ、自治会も含む、「あらゆる組織や事業体の社会的責任」という意味で使われています。しかし、海外では、Corporateに限定される用語になるので、ＩＳＯ（国際標準化機構）のようにＣ（Corporate）を取り、ＳＲと表現する場合もあります。本書では、日本の慣例にしたがって、すべての組織の社会的責任の意味でCSRを用います。ただし、解説は、企業をイメージしながら、進めてゆきます。

CSRの主旨は、「企業は、利害関係者（ステークホルダー）の期待やニーズに応えなければ、生き残っていけない」ということです。つまり、「S（Social）＝社会」とは、利害関係者のことなのです。利害関係者とは、企業によって影響を受け、企業に影響を与え返してくる人や組織で、顧客や社員、株主、行政機関、地域住民などです。企業が影響を与えることも企業に影響を与え返してくることもない存在は、企業にとってニーズや期待を考慮すべき存在とはなりませんが、今、影響を与え返してこなくとも、中長期的観点からは重要な利害関係者になる場合もあるので、注意が必要です。

なお、時折、環境を利害関係者に位置づける議論がありますが、間違いです。環境破壊を問題にし、企業を告発するのは、環境ではなく、人です。環境破壊を問題にする利害関係者がいるがゆえに、企業は環境問題に取り組むことになるのです。

利害関係者といってもさまざまで、それぞれにさまざまなニーズをもちますから、企業の取組みとしては、社員という利害関係者が働きやすい環境を整える、消費者が求める安全で質の良い製品を作る、顧客の情報が漏れないよう注意する、工場が立地する地域の環境に配慮する、正確な財務情報を開示するなどさまざまであり、CSRは経営そのものと言われるように、あらゆる領域をカバーするのです。

そこで、CSRの基本は、重要な利害関係者の期待やニーズを把握し、それに応える取組みをし、支持を得るために取組みを利害関係者に伝えること、となります。

しかし、CSRのR（Responsibility）は「責任」です。期待やニーズが「責任」と呼ばれるのはなぜでしょうか？

❷「責任」とは期待される役割のこと

「責任を果たす」と「責任をとる」の違い

図5-1にあるように、利害関係者は、消費者であれば良い製品を作る、従業員であれば雇用を維持し、処遇を良くするといったふうに、それぞれの立場で企業に役割を期待しています。そのようなニーズをもつ、とも言えます。

企業はそれに応え、期待される役割を遂行することによって、製品を買ってもらえたり、社員が一生懸命働くといったリターンを得ることができ、存続できます。つまり、期待に応えることで、企業と利害関係者は、WIN-WINの関係となります。

しかし、例えば、食品メーカーが食中毒事件などの不祥事を起こしたりすると、利害関係者（この場合、消費者）も被害を負い、企業も経営危機に至る可能性が出てきて、双方にとって良いことがありません。そのため、期待される役割を企業が果たすようにと、責任という強い用語が使われるわけです。言い換えれば、期待度の高い役割が「責任」と表現されるのです。

この場合の責任は、「責任を果たす」と

図5-1　責任とは「期待される役割」

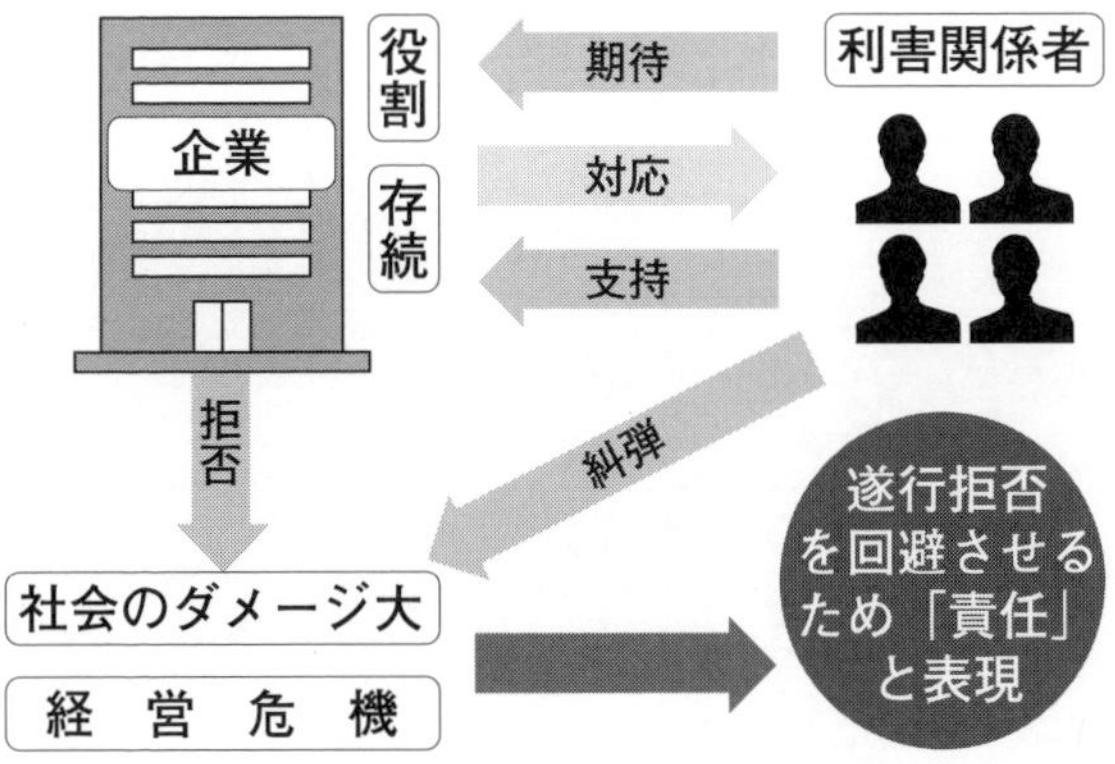

いう使い方をイメージするとわかりやすいと思います。何かをしなかった、もしくは、何かをしてしまった際に、そのことで引き起こされた損害等の賠償を負うという意味の「責任をとる」とは意味が少し異なります。

しかし、2つの「責任」は、つながっています。しなかったこと、してしまったことが責められるのは、しなければいけないことをしなかった、もしくは、してはいけないことをしたからです。社会において、人や組織は、あることをしない／するという役割を負っています。それによって社会はうまく回っていきます。それゆえ、課された「役割（責任）」を果たさないと、「責（責任）」が問われるのです。

なお、両責任は、期待度の高さ、言い換えれば、重大さによって、法で強制され、守らねば法で裁かれるものと、法で強制されないながらも、守るべきルール（倫理的規範）に位置づけられ、守らねば道義的責任が問われたり、社会的制裁を受けたりするものとに分かれます。それゆえ、「法律だけではなく、倫理的なものも守らねばならない」という倫理法令順守（コンプライアンス）が謳《うた》われるわけです。

3 社会や時代によって異なるCSR

CSRの正解は1つではない

ここで、気をつけねばならないことは、どのような役割が期待されているかは、社会や時代によって異なるということです。つまり、取り組むべきCSRは、社会や時代によって異なるのです。

期待される役割、すなわち、企業が社会に対して負う責任は、その社会の価値観や文化、ルールを反映しています。そもそも、企業の責任ある姿勢を問う社会でなければ、CSRが問題になることはありません。

したがって、文化の違う他国の企業の取組みをまねて、「これこそCSR」などと取り組んでも成果は得られませんし、CSRとはなりません。しかし、それが理解されず、日本では、欧米の取組みをみて「CSRとは社会貢献のことだ」と間違った解釈が見られました。しかも、日本では、社会貢献に経営上の意味を見出しにくかったので、CSRとは、経営的意味のないもの、経営にとって負担にしかならないものという、誤解が蔓延していました。

また、「10年前はこれが評価されたから」という理由で取り組むのも間違いの元です。時代が変われば、ニーズも変わります。しかも、現代の期待やニーズは個別化してきており、どのような利害関係者と関係があるかで、取り組むべきCSRの内容は異なってきます。したがって、他社をまねても成果は得られません。また、大企業に対する期待と、中小企業に対する期待は異なる傾向があり、取組みの傾向も異なります。

このことは、CSRの定義とかかわる重要な点です。時々、CSRを定義しようとする議論のなかで、「CSRとは法律以上のことをすることだ」「社会貢献は、本業と結びつけて行うべきである」「街角の惣菜屋が、売れるからと、安全でおいしい手作りの惣菜を作り続けることは（本業そのものであり、特別な取組みではないので）CSRではない」などといった議論を耳にすることがあります。定義としては、これらはいずれも間違いです。

CSRとは、企業の生き残りのためには、主要な利害関係者のニーズや期待に対応せねばならないという戦略的観点ないし戦略を導くための方法であり、「CO_2を○トン削減する」「NPOに寄付をする」などという具体的内容を指定する議論ではないのです。

つまり、定義は、いつ、どこでもあてはまる普遍性をもたねばなりません。しかし、よく耳にする「CSRとは…」で始まる説明は、自社や周りの企業の取組みや、ある時点で広くあてはまりそうな企業の方針や戦略をもってCSRを規定するような議論になってしまっています。

どこまでやるかは利害関係者が決める

CSRを行うときに、法律以上のことをせねばならないかどうかは、その企業の利害関係者が決めることです。法律を守るレベルでよいということもありえます。ただ、例えば、税収は財源となり、行政施策を可能としますから、納税は、社会への貢献と言えます。しかし、「納税しているから社会に貢献している」と企業自身が発言すると、「納税は当たり前のことだ」「法を守っているにすぎない」と、批判を受ける可能性があります。なぜなら、社会は、特に日本では、社会に貢献しようという企業姿勢も重視します。しかし、納税は、法で定められたルールですから、社会貢献姿勢があろうとなかろうと行われるので、社会に貢献しようという企業姿勢があることを示す証拠にはなりません。にもかかわらず、貢献をことさら主張すると、強引な印象を与えたり、不誠実に見えたりしてしまうのです。

また、第14章1でふれるように、法律以上のことをしていると、利害関係者に評価される可能性がありますので、企業に対する一般論的なアドバイスとしてはありうるものです。

また、本業に結びついた社会貢献であれば、着手しやすくコストも安いでしょうし、収益性に結びつけやすいですし、第14章4で説明するストーリーを作りやすいので、取り組みやすい傾向がありますが、必ずしも、本業に結びついていなければCSRではないというわけでもありません。

さらに、特別な取組みでなくとも、社会が望むものを作ったり、望むことをしたりするのであれば、それがCSRです。惣菜が地域でコンスタントに売れていて、それなりの売上があったとしましょう。にもかかわらず、「CSRではない」とやめてしまったら、その分、売上が落ちることになります。しかも、地域の期待を裏切ることになりますから、他の商品も売れなくなり、その結果、惣菜屋は倒産するかもしれません。社会の期待に答えているからこそ売れるのです。だからこそ、経営を続けることができるのです。社会や地域に愛される商品を地道に提供し続けることもCSRなのです。

ただ、大企業に対しては、社会は規模に応じた社会貢献や環境への取組みを求めます。そこで、売れる製品を作り続けるだけではダメ、という言い方も生ずることになるのです。つまり、大企業は、高いパフォーマンスが求められ、法律内の取組みや売れる商品を作り続けるだけでは不十分であると、社会から思われる傾向があります。

そこで、それに基づいてCSRをモデル化すると、「法律以上のことをすること」「売れる製品を作るだけではダメ」などとなるわけです。一方で、中小企業が大企業並みの社会貢献をせねばならないということはなく、「身の丈に合ったCSR」という表現もあります。そこで、本業にかかわらせて効率的に行うことはありえますが、それに基づいてモデル化すると、「本業内で行う」となってしまうわけです。

話を元に戻しましょう。変化する社会（利害関係者）のニーズや期待を的確に把握するためには、社会をしっかり見なければなりません。そこで、社会の重要な期待やニーズを「責任」と表現した用語が登場することになったわけです。

しかし、そもそも企業経営にとって、社会のニーズや期待に応えることは基本中の基本です。なぜ、わざわざ責任などという用語を使って、社会のニーズや期待に応えることが強調されるのでしょうか？　それは、先進国社会が感性主義の社会に移行してきたからです。

第6章 なぜ社会を見なければならないのか?

1 先鋭化するニーズ

現代日本は、さまざまな社会的な課題を抱えながらも、物質的に豊かな社会になり、さまざまな商品が街中にあふれています。内閣府「2011年度国民経済計算」によると、個人消費がGDPの6割を占め、第三次産業がGDPの75%となっています。消費社会化、サービス経済化が進んでいると言えるでしょう。

あふれる消費財のなかで、財やサービスに対する消費者の要求水準は高まってきています。昔から日本は、消費者の要求水準が高く、それが技術力ある企業を育てたとも言われていますが、さらに個性に合わせた消費へと展開してきています。

図6－1は、マズローの欲求階梯説と言われるものです。ニーズは、1番下の基本的なニーズから1番上の自己実現へと順に展開してゆくという説です。1番下は、生きていくための食べ物などに対するニーズです。食べ物や衣服が手に入ると、身の安全を図りたいという2番目のニーズに移ります。次は、仲間がほしい、4番目は、できるやつだと仲間に認められたい、そして最後が自己実現です。自己実現とは、自分が自分であると思える状態や自分の可能性を最大限発揮している状態です。

現代は、基本的ニーズが満たされて自己実現のニーズへと至っていると言えます。そこで、消費財の質の高さが求められるだけでなく、自己実現に役立つこと、自分の

図6-1　マズローの欲求階梯説

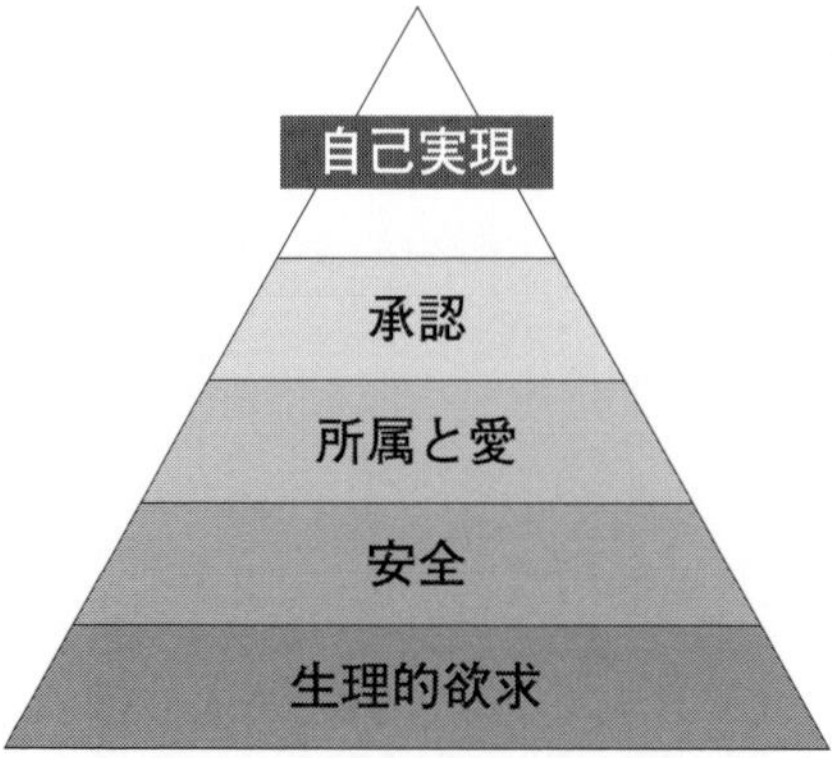

個性や感性に合っていることが求められるわけです。

そうなると、ニーズは、どのように変化するのでしょうか？　感性は、人によって異なります。つまり、感性は、「個別性」を特徴とし、個性の主要な構成要因となります。それゆえ、感性主義の現代は、ニーズが個別化し、多様化してくるのです。要求水準が高まるなかで個別化すると、ニーズの先端がとがってくるイメージになります。つまり「先鋭化」です。要求水準が高まるだけであるならば、「台地」のイメージですが、個々の点が高まりますから、先鋭化となるわけです。

それに対応するために、多品種少量生産になっていきます。また、中小企業に見られる傾向ですが、要素技術や特定の製品に特化して高い質の製品を生み出す戦略も展開されていきます。

つまり、顧客や社員などの利害関係者のニーズが先鋭化しているなかでは、他社をまねただけの取組みでは、2つの理由で、評価を得ることが難しくなります。1つは、会社が違えば、顧客など利害関係者のニーズが異なる可能性があることです。もう1つは、表面的な取組みでは、本気度や思いが感じられないからです。第14章4でふれるように、特に社会貢献については、注意が必要です。

2 時代は、「対自的感性主義」

このような時代を、筆者は、「対自的感性主義」と呼んでいます。質の高い製品やサービスを求める欲求や個性の背景をなす「感性」が重要になってきているという意味です。「対自的」とは、自覚している、理性（が生み出した科学技術の成果）を意識的に感性のために使っているという意味です。

つまり、近代は、理性の力が生み出す科学技術によって、「感性の領域である自然」をコントロールし、物質的に豊かな社会を生み出します。このような社会を「理性主義」と言います。科学技術の進歩に基づく製造業など第二次産業は、理性主義の産業で、1人がどれだけ生み出したか見やすいため、組織内ミクロ労働生産性の考え方が合っています。つまり、組織内ミクロ労働生産性は、理性主義を特徴づける生産性概念と言えます。

一方、サービス業など第三次産業は、社員同士や社員と顧客の接触が大事です。次項で説明するように、接触は、感性に重きがあるので、第三次産業は、対自的感性主義と言えますし、接触によって生み出される組織内マクロ労働生産性の考え方が合っています。組織内マクロ労働生産性概念は、現代を象徴する観点なのです。障がい者を雇用する製造業で、組織内マクロ労働生産性改善効果の話をしても、理解されにくいことが多いのですが、無理ないのです。

なお、なぜ自然が感性の領域かというと、ルネサンス以前の前近代社会は、科学技術の進展がなく、自然に翻弄されるなかで、農業や職人の世界は、経験に基づいた経験則を蓄積して生産活動を行っていました。経験は、感ずることで物事を把握するので、感性の領域というわけです。このような時代は、理性の成果を使うことができず、感性主義であるという自覚もなく、自然に翻弄されるなかでやむを得ず感性に基づいていたという意味で、「即自的感性主義」と呼びます。なお、自然の制約を大きく受け前近代を特徴づける産業である農業は、単純に、1人の生産性に還元することが難しい点で、現代に通ずる面をもちます。それゆえ、前近代も現代も「感性主義」がついているわけです。

3　CSRは対自的感性主義の経営戦略

現代は、単に、欲求の面で感性が幅を利かせているだけではありません。ニーズの背景にある感性は、感性の力によって把握することができます。それを共感と言います。先鋭化するニーズの背景にある感性をとらえるために、感性が重要になってきているのです。しかも、感性は、接触すること（経験すること、体験すること）で対象を把握します。そこで、社会の難しいニーズをとらえるためには、社会に寄り添ってしっかり観て、聴かねばなりません。漫然と待っていては、ニーズは把握できない、積極的につかみにいかないといけない。それゆえ、責任という強い表現が使われるわけです。

さらに、顧客の評価を得るには、感動したり心に響くような品質の製品を作ったり、社会貢献活動を行ったりする必要があります。感動したり、悲しかったり、驚いたりと、感性の働きを伴うことは、記憶に残りやすいため、利害関係者の心に刻み込まれるには、利害関係者の感性に働きかける取組みである必要があるのです。

そして、そのような取組みを利害関係者に伝える必要がありますが、単に伝えるだけでは、受け止めてくれるとは限りませんし、心に残りません。利害関係者の心に残るように効果的に伝えるためには、利害関係者の感性に働きかける伝え方が必要で、例えば、接触（体験）が有効です。利害関係者を社会貢献活動に巻き込んでいくとか、企業の製品を体験してもらうといったことです。ＩＳＯがSRにかかわって、利害関係者を巻き込むこと(Engagement)が重要と言っていますが、このような意味があるのです。

このように、ＣＳＲのさまざまな局面において、感性が重要な要素としてかかわっています。つまり、ＣＳＲは、対自的感性主義の経営戦略的観点なのです。

第7章 守りのCSR

1 市場の圧力

ＣＳＲは、消極的な側面と積極的な側面があります（図７−１）。不祥事を回避するためにリスクマネジメントとして取り組む場合と、利益や売上、成長につながる要因として取り組む場合です。そのイメージから、前者を「守りのＣＳＲ」、後者を「攻めのＣＳＲ」と言う場合もあります。

ただ、企業は、気をつけていれば不祥事など起こさないと思っているかもしれません。しかし、不祥事の種はあちこちにあり、いつその罠《わな》にはまるかわかりません。

図７−２にあるように、市場経済の競争圧力によって、企業は、売上を増やしたり、コ

図7-1　CSRの２つの側面

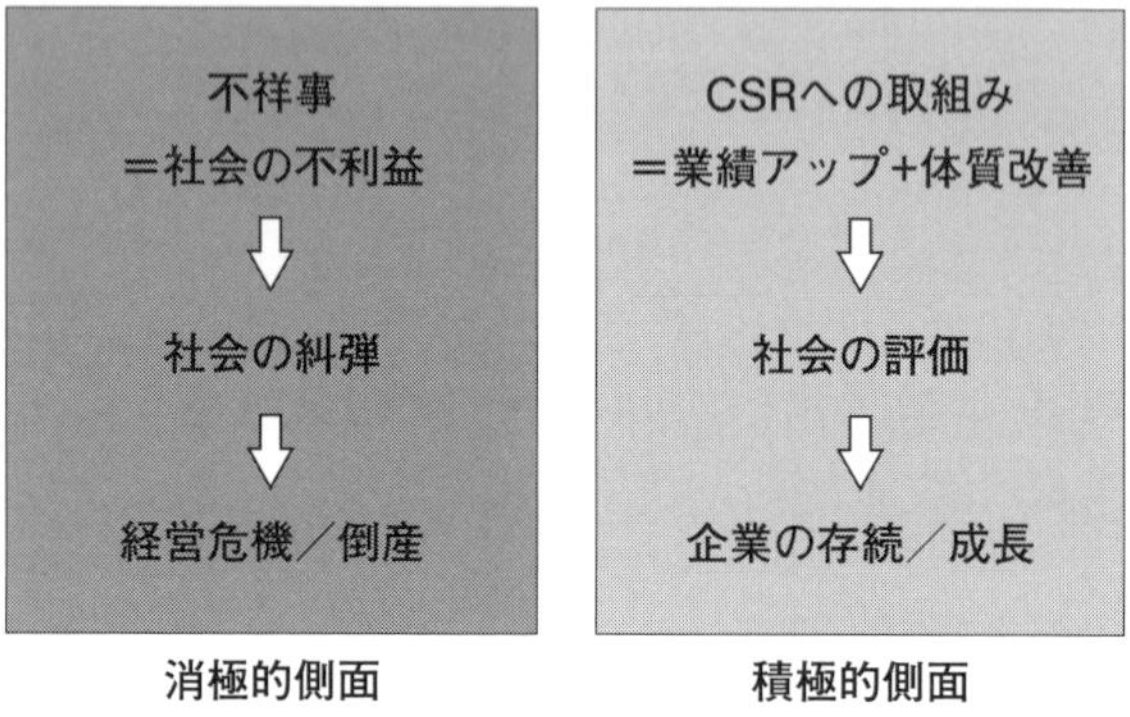

図7-2　不祥事の構図

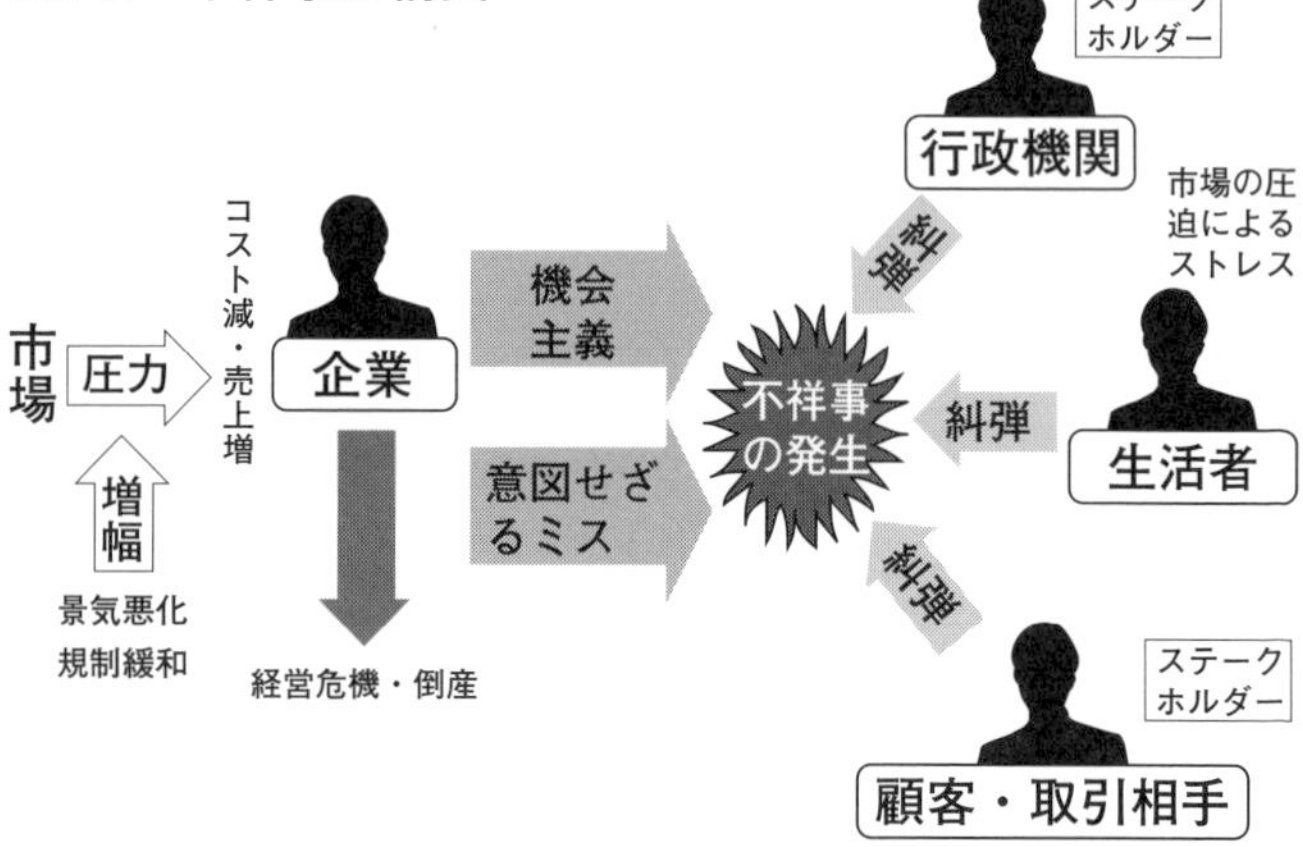

ストを削減したりせねばなりません。景気の悪化や規制緩和で、市場での競争が厳しさを増すと、売上アップとコストの削減のためにさらなる「企業努力」が求められます。しかし、企業努力は、簡単ではありませんし、永遠にできるわけではありません。そうすると、不祥事の2大要因が忍び寄ってきます。「機会主義」と「意図せざるミス」です。

❷ 不祥事の必然性

「機会主義」とは、機会に乗じて相手をだましてでも利益を得ようとする姿勢のことで、意図的な不祥事です。消費期限を書き換えて食材を売ってしまった、リコールの費用をケチって届けを出さなかったために、死亡事故につながってしまった、といった場合が該当します。

「意図せざるミス」とは、人件費削減のため、火災予防の知識のある中高年層をリストラしたために工場が火事になり、近隣に迷惑をかけた、といった場合です。意図した火事ではありませんが、火災予防の知識を社内に蓄積しておくという当たり前のことをしなかったのですから、不祥事です。

いずれにせよ、社会は、そのような企業を糾弾します。特に、不況で生活や経営が苦しいと、社会にストレスが溜まっていますから、社会はそのはけ口を求めます。そして、そのニーズを察知してマスコミが不祥事企業にやってきます。名前も知られていなかった中小企業が一夜にして全国規模の不祥事企業になります。その結果、経営危機や倒産に至るのです。

日本でも、バブル崩壊以後、特に、規制緩和以降、不祥事が増えていったのは、このような背景があるのです。

第8章　システムとしてのCSR

1 関係の集積としてのCSR

CSRは、企業が頑張るものと思われていますが、それは間違いです。CSRは社会システムです。企業が社会や環境に配慮した取組みをしても、利害関係者がそれを評価し、企業にとってプラスになるリアクションをしなければ、取組みを続けられるものではありません。他方、何の取組みもしていないのに製品が売れていけば、取り組もうという行動につながりません。

企業に良い取組みをさせたいのであれば、相応の対応が社会に求められるのです。単に安いからと、なんの取組みもしていない企業のものを買えば、安全性や環境に配慮したり、社会貢献を一生懸命やったりしているけど、コストがかかるので、その分、少し価格が高くなるという企業は、取組みを続けられません。倒産するかもしれません。そこで、消費者など利害関係者には、多少高くてもCSRに取り組む企業の製品を購入するという「CSR選択」ないし「CSR購入」が求められます。

その意味では、マックス・ウェーバーが前近代社会を特徴づけるとした価値合理的行動が求められるのです。感性主義の社会は、思いや信念といった感性のメカニズムが重要で、価値合理性に基づきますから、整合性があります。多少、効率が悪かろうと、コストがかかろうと、社会にとって望ましい企業を育てるのは、社会の責任なのです。

もちろん、支持してもらえるとなると、取組みをしているふりをする企業もあり得ます。社会はそれを見抜かねばなりません。しかし、簡単ではありません。そこで、しっかりとCSRに取り組んでいるかどうかを示してくれる認定制度が必要となります。先にふれたように、すでにこのような認定制度は日本に存在し、宇都宮市や横浜市の例が有名です。

CSRは、このように、企業と利害関係者の関係を前提にします。ただ、社会には、企業と利害関係者の関係は無数にあります。関係が無数に集まったものがシステムです。さらに、認定制度のように、利害関係者が情報を得たり、よい企業を支えたりするための制度が必要ですが、制度は、システムの構成要素です。これらのことは、CSRが社会システムだということを意味しているのです。

2 つながりを見る重要性

システムということは、目の前の利害関係者だけではなく、その利害関係者がつながっている先を見ることも必要だということです。例えば、顧客の利害関係者が喜ぶ取組みをすると、顧客の評価を受けることがあります。特に、自社の製品やノウハウを使うなど、自社の存在が不可欠になるような新規事業や社会貢献活動によって自社と顧客企業とその利害関係者を結びつけるといった取組みは、2者間より安定した多者間のCSR連関を作り出すことができます。

また、第三者が商売の仕方を見ていて、評価して顧客になってくれることもあります。

さらに、顧客から、第三者に口コミで情報が行くこともありますし、逆に、第三者から、顧客に情報が伝わることもあります。企業は、自社にとって都合の良いことしか言わないからと、特に消費者は、製品に関する広告宣伝など一部の情報を除き、企業が発する情報には関心を示さない傾向がありますが、自分が信頼するＮＰＯなどからの情報は信頼します。こういった連関に注意することが必要です（図８―１）。

なお、ＣＳＲは、対自的感性主義の経営戦略的観点でした。ということは、ＣＳＲのシステムは、対自的感性主義のシステムと言うことができます。ちなみに、近代社会は、即自的感性主義の社会を解体して、理性主義のシステムを作り上げます。近代への移行は、清教徒革命や、マリー・アントワネットが断頭台の露と消えたフランス革命などのような、市民革命というドラスティックな動きがありました。それは、感性と理性が相反する性格をもつため、粗野な感性主義（即自的感性主義）と理性主義

図8-1　システムとしてのＣＳＲ

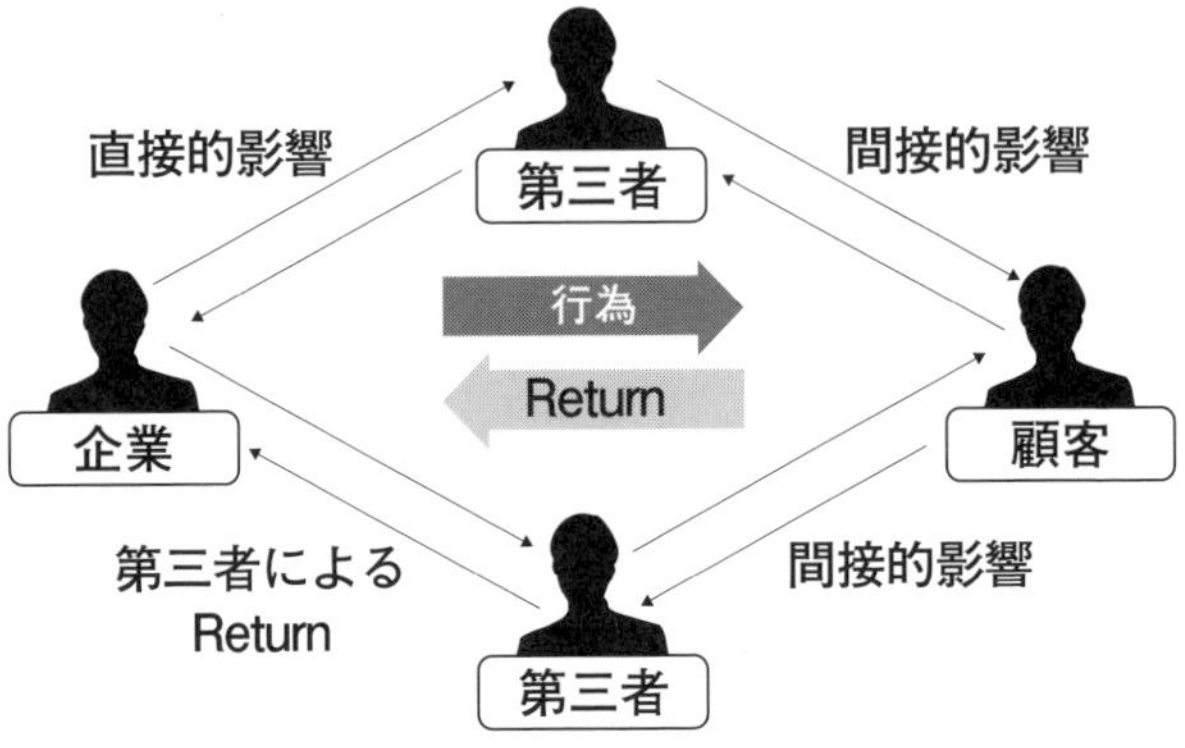

が対立するからです。つまり、理性主義の近代は、即自的感性主義の前近代を否定する形になるのです。その軋轢《あつれき》の表れが「革命」なのです。しかし、現代では、経済の停滞や社会問題が噴出しているものの、近代から現代への移行がそれほどドラスティックな形をとっていません。なぜなら、現代が、感性のために理性を用いる対自的感性主義なので、近代の理性主義を引き継いでいる面があるからなのです。

3　CSR担当者の素養

第2章の事例で、社員側のキーパーソンにふれました。社会にとっても企業にとってもプラスになる取組みを行うには、CSR担当者の素養が重要です。CSRのなかでも、社会貢献への取組みに、素養の必要性が最も端的に現れますので、社会貢献を例に説明しておきましょう。

社会貢献に関与する社員は、社会貢献が好きだとか、障がい者の扱いに慣れている必要はありません。「仕事が割りふられた以上、しっかりやろう」という前向きの姿勢をもち、自分に何が期待されているかを理解して取り組むことができること、新たなつながりを作る作業になるので、どういう要素が結びつくと期待に応える成果に結びつくかイメージできること、人との接触が嫌いではないこと、実行力があること、といった素養が必要です。

「はあとねっと輪っふる」の事務局を担当していた埼玉トヨペットの渡辺新一さんは、一見して有能な営業担当であることがわかる方です。実際、トップの営業成績をあげたこともあります。だから、よい社会貢献担当者になれたのだと、私は思います。営業担当は、人との接触が嫌いでは仕事になりません。客のニーズを読み解き、客自身がうまく語れない部分も想像しながら、「これがいい！」と言わせる提案もできなければなりません。構想力やコーディネート力、コミュニケーション能力が求められるのです。

この点を図で説明してみましょう。図8–2は、通常のビジネスの場合です。企業は、納入業者から原材料を買います。社員を雇い、給与を払います。そして、顧客が望んでいるものを作り、販売し、利益を得ます。これはすべて市場経済という既存のシステムのなかで行われますので、そのルールやメカニズムに合わせて調達や販売をすればよいわけです。商品の宣伝も、広告を出すためのマーケット（広告代理店や掲載紙・誌など）があるわけです。つまり、市場経済は、便利なシステムで、必要な原料を扱っている業者を探し、交渉し、取引を行うルールや制度がありますし、社員を雇うためのルールや制度がありますし、顧客に販売するためのルールや制度があります。

しかし、自社にとって経営上の効果を上げることができる社会貢献活動を探すためのルールやノウハウ、制度は、確立していません。NPOと連携したほうがよいのかを見定める判断基準もありません。連携するNPOを探すとなると、担当者は、さまざまな会合に出たり、NPOを訪問したりして、情報を集め、信頼関係を作らねばなりません。NPOは、思いや社会的問題意識で活動するので、信頼関係は大事です。単純なノウハウや契約書1枚で物事が進むわけではありません。市場経済のなかでも信頼関係は大事ですが、その比ではない意味合いがあります。

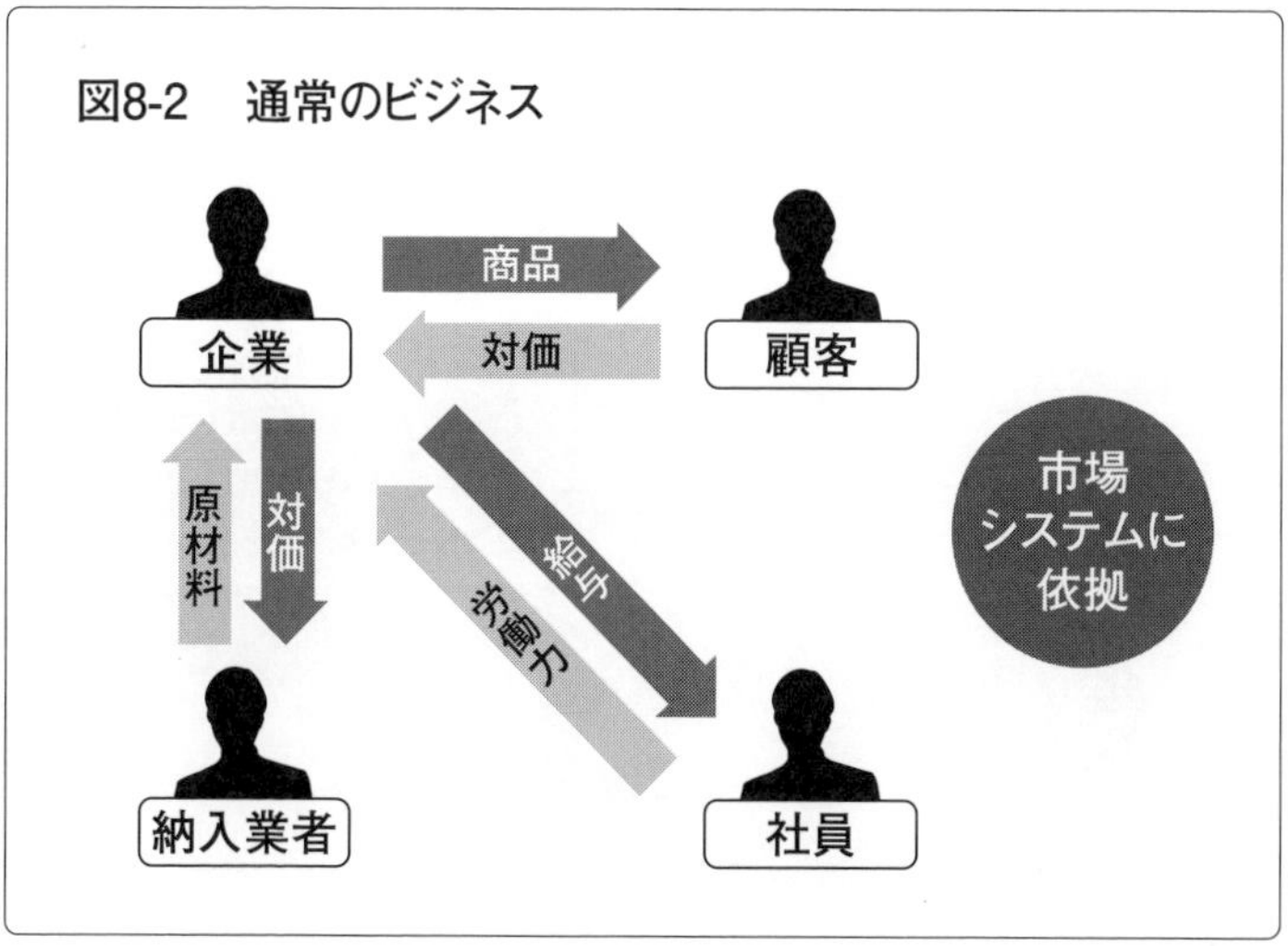

さらに、取組みを利害関係者に伝えるためのマーケットがあるわけではありません。

つまり、社会貢献に取り組む際には、図8-3の構図が成り立つような、新たなルールや仕組み、ノウハウを作り出さねばならないのです。なぜかというと、市場経済は、理性主義のシステムですが、社会貢献ないしCSRは、感性主義の領域だからです。新たに対自的感性主義のシステムに対応する仕組みとルールを作る必要があるのです。

そこで、社会貢献ないしCSRの担当者は、何もないところで仕組みを作らねばならないので、前向きに楽しく仕事ができる、仕組みを構想できる、信頼関係を作ることができる、といった素養が必要となるのです。

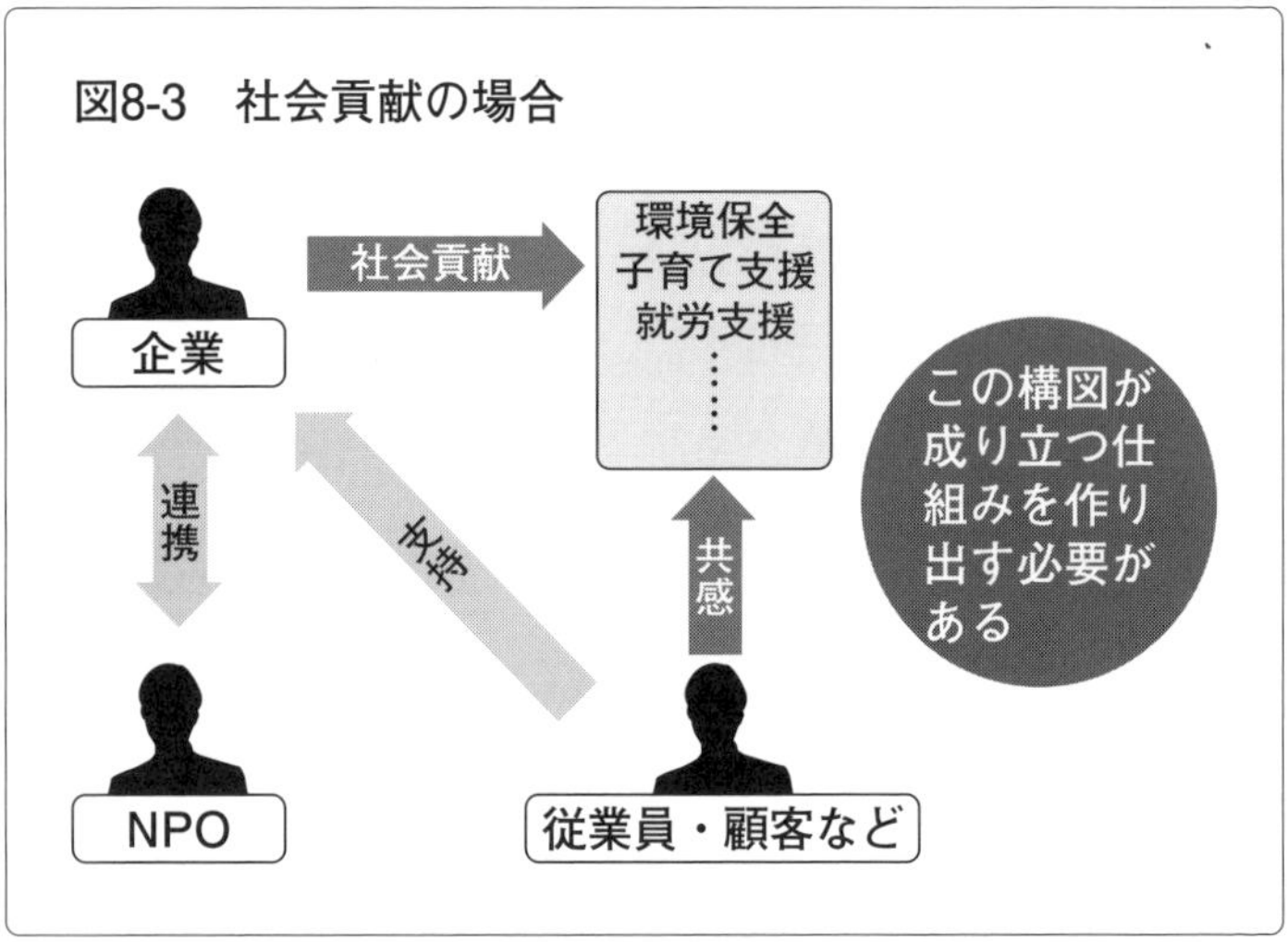

第9章　地域活性化の処方箋としてのCSR

1　自律的活性化の時代

CSRは、地域活性化の処方箋として使うことができます。

日本では、地域の疲弊が問題になっています。地方においては、シャッター街*1も増え、高齢化も進んでいます。地域活性化が急務です。しかし、政府から活性化の処方箋が提示されることはありませんし、政府の補助をあてにして事業を行おうとしても全額補助とはいきませんから、失敗すれば、自治体の財政はひっ迫するおそれもあります。

*1　後継難や経営不振で店を閉じ、シャッターを下ろしたままの店舗が目につく商店街の様子を表現する言葉。

ケインズ政策的効果*2を期待して、公共事業で地域を活性化しようとしても、経済の比重が第三次産業にあるサービス経済化が進み、生産より消費が上回る状況に象徴されるように消費社会化も進み、経済が複雑になった現代においては、経済の活性化につながりにくいですし、仕事は、東京のゼネコンが落札し、地域にお金が回らないことも考えられます。

このことは、地域は地域の力で活性化せねばならない、ということを意味しています。「自律的な活性化」が必要なのです。

2 自律的活性化の処方箋としての地域志向CSR

その現状を打破する1つの方策が、CSRです。自律的活性化のためには、地域の人や企業、資金、土地、自然環境などの地域資源や外部の資源を地域の活性化のために活用し、また、そのなかから地域を活性化する要素（資源）を生み出すという循環が必要です。そのような循環そのものがシステムですから、自律性が求められる現代の地域活性化のためには、地域システムを作る必要があるということになります。システムであるCSRは、その条件に合うわけです。

しかも、CSRは、地域の企業の活力を引き出すことによって地域の経済を活性化するだけでなく、地域社会の生活水準を改善し、住みやすくする側面があります。地域活性化は、経済が活力をもつだけではなく、地域の福祉水準も上がる必要があるのです。

しかし、社会貢献がCSRの一環であるとはいえ、都合よく地域において、展開してゆくでしょうか？　この点では、地域に根差した「地域企業」がカギを握ります。地域企業とは、地域に根づいた企業で、地域に利害関係者が多い点を特徴とします。そこで、地域企業は、地域をターゲットにしてCSRに取り組みます。このようなCSRを「地域志向CSR」と呼びますが[*3]、地域は、利害関係者の目が届きやすいので、地域企業は、地域貢献にも取り組んでいることが多く、NPOに寄付したり、社員が地域活動に参加したりして、地域の社会課題の解決が図られていきます。グローバル企業なら、その国や地域

＊2　公共事業を行うと、資材の発注や雇用の創出を通して、経済が活性化し、公共事業で使ったお金以上の経済効果が得られること。

＊3　地域志向ＣＳＲ、および、地域志向ＣＳＲを核として地域で構築される地域ＣＳＲの社会システムについては、影山摩子弥『地域ＣＳＲが日本を救う』敬文堂、２００８年で解説しています。

がおいしくなくなったら撤退すればよいでしょう。しかし、地域企業は、地域の不評を買えば売上も落ちるでしょうし、よい人材も確保できません。地域が沈めば自社も沈みます。そこで、地域志向ＣＳＲに取り組むことになるのです。

その結果、ＣＳＲを通じて、企業の経営が良くなり、地域経済が良くなるだけでなく、地域社会も住みやすくなるのです。

3 地域の支持がポイント

しかし、第8章で論じたように、地域の企業が地域志向ＣＳＲに取り組むためには、地域がそのような企業を評価して支えることが大事です。企業にとって何のメリットもなければ、コストがかかることはやめてしまうでしょう。

例えば、横浜市内のある地域では、経営が厳しくなったことを理由に、スーパーが撤退しようとします。困ったのは、地域住民です。他にスーパーも商店街もない地域なのです。

そこで、地域の住民がスーパーの空きスペースを借りて、子どもの絵を貼り出したり、合唱大会をやったりして、地域の住民が行きつけになるような工夫をします。その結果、スーパーは撤退を見合わせます。人は、足を運んだことがあるところには行きやすくなるため、客足の増加につながったのです。このように、システムは、双方向の関係が大事です。また、システムのなかで経営と生活が回ることが必要です。そうすることによって、ＣＳＲを地域活性化のシステムとすることができるわけです（図９−１）。

図9-1　CSRは地域を活性化するシステムである

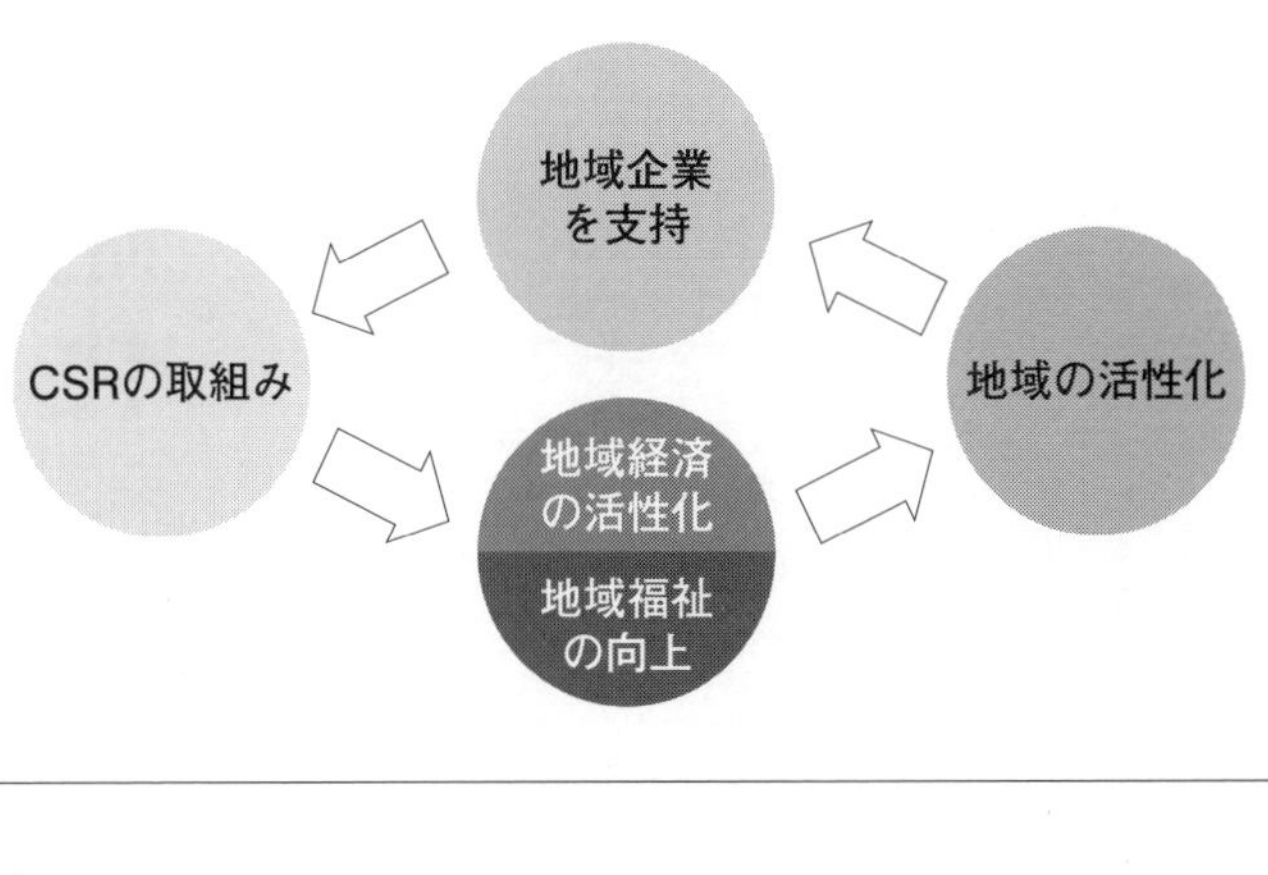

第10章 社会貢献の経営戦略化

1 なぜ社会貢献を経営戦略化できないのか？

社会貢献は、人々の感動や共感を呼ぶため、ＣＳＲの重要な要素です。まさに感性主義の戦略ツールという側面をもちます。ＣＳＲに取り組む企業は、社会貢献活動を通して、社会課題を解決し、住みやすい社会や地域を作るのに貢献します。企業が人や資金を割いて取り組むのであれば、経営上の意味があることが必要です。

しかし、日本では、社会貢献活動に経営上の意味はない、もしくは、意味をもたせてはいけないと考えられてきました。「儲けのために社会貢献を行うなんてとんでもない」ということです。この考えが、利益と社会貢献を結びつけにくい日本の社会環境を形成してきました。その背景には、指標としての利益と経営姿勢としての儲け追求が混同されているということもありますが、日本特有の理由があります。

2 社会貢献を縛った価値規範

日本人には、「陰徳陽報」や「公平無私」といった価値規範が刷り込まれています。この用語で理解されているのではなく、価値観や考え方として自然に入り込んでいるのです。「陰徳陽報」とは、「良いことを隠れて行う者には、必ず良いことが目に見えて返ってくる」という意味で、紀元前の中国で編纂《さん》された『淮南子《えなんじ》』の「人間訓」に記されています。

また、「公平無私」は、『韓詩外伝』にあるのですが、「無私」は、主観で判断したり、自分の利益を優先したりすることは避けねばならないということです。

いずれも、古代日本に、海を渡って伝わってきたものですが、そんな時代から日本人の価値観のなかにある考え方です。

このような価値規範が、企業の社会貢献を縛ります。日本の伝統的な規範だからというだけではありません。経営の現場は、本来合理的なもののはずですが、にもかかわらず、社会貢献をアピールしてはいけないだとか、企業が行うことでも利益と結びつけてはいけないという考え方が幅を利かせるには、理由があります。

戦後の高度成長のなかで、終身雇用や年功制、企業別組合という三種の神器を軸に確立してゆく日本的経営は、会社のなかに共同体を作ります。つまり、社員が生活のために会社に依存し続けざるをえない状況を作り出し、社員の会社に対する求心力を高め、まい進してゆくというシステムです。マックス・ウェーバーが言うように、共同体の価値規範は、価値合理性です。つまり、効率を損なったり、損をしたりしても、一定の価値や規範を重視する考え方や行動が生じます。その価値のなかに、「陰徳陽報」や「公平無私」の考え方があったわけです。

このような背景があったため、日本では、欧米の企業が寄付や社会貢献活動をするのを見て、「CSRとは社会貢献活動のことである」と誤解したことに加え、「経営上の意味のないことをすること」と誤解することになります。しかし、寄付文化のある社会で寄付をしなければどうなるでしょう。社会的評価は得られないでしょう。また、実際にヒアリングをすると、欧米の企業は、経営的な意味を考えて社会貢献活動を行っています。社会が違えば、経営上の意味をもつ対象も違いますし、ＣＳＲの内容も違うのです。そして、時代が違っても、ＣＳＲの中身は違ってきます。

3 社会貢献の戦略化の時代

現在の日本においては、社会貢献活動は、「残された経営戦略領域」と言うことができます。というのは、まず第一に、バブル崩壊以降、社会貢献活動の経営戦略化のネックになっていた日本的経営は解体してきています。それゆえ、社会貢献活動に経営上の意味をもたせること、つまり、経営戦略化することが可能になってきていると言えます。

しかも、第二に、時代は対自的感性主義へと展開してきており、感動や共感と結びつく社会貢献は、経営戦略的に重要な意味をもってきています。

第三に、これまで日本では、社会貢献を経営戦略化する経験が希薄であったため、戦略化のノウハウがありません。「ノウハウを見つけた者勝ち」という様相を呈しています。

このような意味で、社会貢献は、残された戦略領域ということができるわけです。

企業の社会貢献が経営上の意味をもつとすると、社会課題を収益事業化して解決するソーシャルビジネスや、事業資金を自ら稼ぎながら活動する一部のNPOのようです。それもそのはずです。CSR、ソーシャルビジネス、NPOは、対自的感性主義の要素なので、似通ってくるのは当たり前です。それゆえ、企業とNPOの連携も可能となり、しかも、双方にとってメリットを生むようになるのです。

ただ、人の価値観は簡単に変わるわけではありません。そこで、いまだに社会貢献と経営戦略を結びつけることには、抵抗感が見られたり、社会貢献を経営上の意味に結びつけたりすることは容易ではない場合もあるわけです。しかし、社会貢献を経営上の意味に結びつけることに成功している例もあります。次章で、社員の求心力を上げている例、第12章で、消費者の支持を得た例を紹介しておきましょう。

第11章 社員の求心力を上げる

1 協働による効果的取組み

社会貢献で経営上の意味を企業にもたらす利害関係者のうち、地域社会やＮＰＯ、ＮＰＯの支援を受ける者を除けば、代表的なものは、社員と顧客です。

世界的金融機関のＨＳＢＣは、日本国内で、アンバランスとも思える小さな団体である「環境応援団いっぽ」との協働によって、環境保全の大事さを学ぶ研修を行っています。研修といっても難しいものではありません。社員が家族とともに参加し、地引網を引いたり、お茶摘みをしたりします。楽しい体験の後、おいしいお茶を飲みながら、お茶が気候変動に弱いといった話を農家から聞きます。そうすると、環境を守る大切さを実感でき、環境保全の取組みをしている自社の活動の意義がわかります。その結果、会社に対する求心力ないし帰属意識（ＨＳＢＣでは、Engagementと呼んでいます。態度的・愛着的組織コミットメントでもよいと思います）につながる可能性が出てくるわけです。ＨＳＢＣの場合、任意参加なので因果関係を特定することはできませんが、少なくとも、帰属意識と参加が相関することは明らかになっています。

２ 参加がカギ

参加型の社会貢献が会社への求心力を上げるために有効であることは、以前から指摘されていました。参加すると、会社の取組みの社会的意義が「実感」できるからです。しかし、横浜市立大学医学部看護学科の学生であった結城希未さん（２０１２年３月卒）が卒業論文で扱った研究や、私がＣＳＲの専門誌『オルタナ』の森摂さんとともに行っている「ＣＳＲ浸透度調査（企業のなかにＣＳＲが浸透しているかどうかの調査）」を見ると、さらに重要なポイントが見えてきます。つまり、社員を社会貢献活動への参加のあり方によって、「参加せず」「当日だけの参加」「準備からの参加」の3つのグループに分けると、社員の満足度や会社に対する求心力は、この3つのグループで明らかに違うのです（有意な差が確認できます）。

なお、いずれの場合も、社員の参加は、業務の一環か、事実上自由選択の余地がないかのいずれかでした。そこで、「満足度や求心力が高いので参加している」という構図は成立しないと考えられます。

準備段階からの参加がなぜ重要かというと、第14章3で説明しますが、準備のために、NPOや社外の人々に接することによって社会貢献活動の「社会的意義」が見えてきます。また、社内のさまざまな層に説明する際、経営層には、「経営上の意味」を説明することになりますし、社員（や社会）には、社会的意義だけではなく、経営理念や会社の業務とのかかわりで、なぜうちの会社がそのような活動をするかの「ストーリー」を組み立てて説明することになります。このように活動を深く理解することによって、意義が多面的にわかりますし、やりがいにもつながるわけです。

ただ、参加といっても、必ずしも会社の外に出ていく必要はありません。企業見学会に来た小学生に仕事の説明をするなどすることで、仕事のやりがいやモチベーションが高まるといった事例もよくあります。

さらに重要なポイントがあります。実施している社会貢献活動に、地域との結びつきや地域色（地域のＮＰＯや自治会と連携している、高齢者宅の雪下ろしボランティアをしている、など）が「ある」「一部もしくは少しある」「ない」で比較すると、これまた３つのグループ間すべてで満足度や求心力に関する有意な差が確認できます。この場合も、参加については、自由選択の余地はありませんでした。そもそも、「満足度や求心力が高いので地域性がある」というのはおかしな説明です。ですから、参加だけでなく、地域性があるかどうかも重要なポイントであると言うことができます。なぜ、地域性がポイントになるかというと、以下の理由が考えられます。

①　社会貢献の結果が目の前にあり、また、地域からの感謝の声も届きやすいため、社会的意義をつかみやすい。

②　自分も地域の利害関係者の１人である場合、いっそう社会的意義が実感できる。

③　経営上の意味につながる地域の支持も見えやすい。

④　地域に立地する自社が取り組むストーリーが作りやすく、しっかりしたものになる。

つまり、地域性は、参加の効果をよりいっそう強める効果をもつと言えるのです。

第12章 CRMの極意

1 CRMとは?

ダノンが製造するミネラルウォーター『ボルヴィック』の「1リッターｆｏｒ 10リッター」のキャンペーンは、CRM（Cause Related Marketing）の成功例としてよく知られています。アメリカンエキスプレスの「自由の女神補修キャンペーン」もその例です。私は、「社会貢献に結びつけた販売戦略」と呼んでいます。アメリカンエキスプレスの場合、大きな売上につながりましたし、ボルヴィックの場合も、それなりの売上につながっていると言ってよいでしょう。CRMは、顧客の評価を得る手法として有名になったため、そこかしこで見られるようになりましたが、効果に結びつかないのではないかと思われるも

図12-1　ボルヴィックの仕掛け

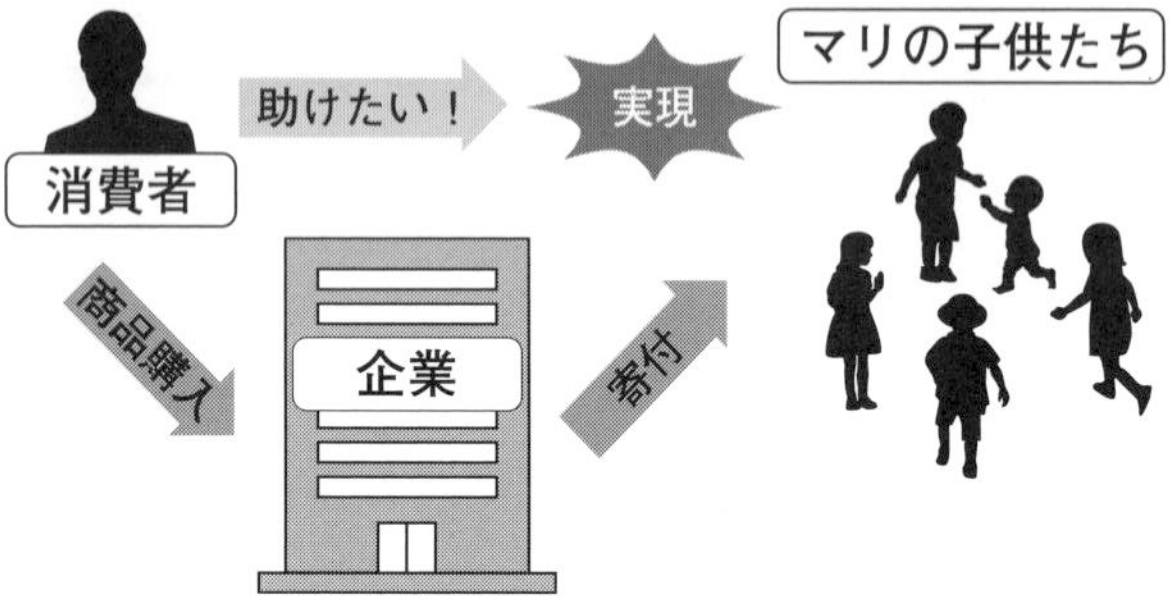

1　「水」つながりでわかりやすい＝共感できる
2　寄付の構図を見せ、判断を消費者にゆだねる
　＊企業は「裏方」、消費者が「主役」に
　　⇒社会貢献の目的税化
　　⇒社会貢献意識がダイレクトに満たせる
3　「1」が「10」になるお得感
4　必要なものを買うだけの手軽さ

のも少なくありません。そこで、ボルヴィックを例に、CRMのポイントを解説しておきましょう。

ボルヴィックのキャンペーンは、コンビニなどで購入したボルヴィック1リットルに対して、10リットルのきれいな水が、アフリカにあるマリ共和国の水に困っている住民にもたらされるというものです。キャンペーンでは、子どもの写真が使われていますが、子どもだけが対象ではありません。また、水を運ぶわけではありません。井戸を掘るのです。しかし、ダノンの社員が行って掘るわけではありません。ユニセフに寄付をし、ユニセフが手配をしているのです。井戸を掘り、10年間メンテナンスするための寄付金額を得るために販売される水の量と、10年間で井戸から出る水の量から計算すると、1リットル分のボルヴィックで10リットルの井戸水がもたらされるという構図になるわけです。

極端に言えば、ダノンは寄付をしているだけです。どの企業でもしていることです。しかし、そこには、特別な仕掛けがあるのです。このキャンペーンの優れた点は、図12－1に記してありますが、次の点にあります。

2 わかりやすく共感しやすい

ボルヴィックも水ですし、井戸水も水です。「水つながり」でわかりやすいです。つまり、「水で商売をしているから水の大切さがわかる。だから水で困っている人を助けたい」という「ストーリー」が成立し、共感できるのです。ここでいうストーリーとは、企業がある取組みをすることを、説得力をもって語るための物語です。「儲かる」という合理的理由ではなく、企業の思い入れや姿勢が感じられる筋立てが必要です。CSRは、対自的感性主義の経営戦略ですから、感性に訴えかける道具立てが必要なのです。

3 企業が裏方、消費者が主役に

顧客などの利害関係者に社会貢献を評価してもらいたい場合、「自分が行ったこと」をアピールしようとします。つまり、通常の社会貢献は、企業が寄付先と金額を決め、事後的に、「こんな社会貢献をしました」と報告し、「ボク、えらいでしょ」と訴えかけるという構図になります。当然、主役は企業です。ですから、あまり露骨にアピールできません。売名行為に見えるからです。アピールできないということは、企業にとってはあまりメリットがない可能性があります。

でも、その社会貢献に共感した顧客は、企業の製品を買ったりするかもしれません。共感できる社会貢献を行う企業を支持することによって、消費者もその社会貢献に参加し、誰かを支援しているような構図が作られますから、自らの社会貢献意識が満たされることにはなります。しかし、

① それは、主役である企業を介して間接的に満たされるにすぎませんし、

② すでに終わってしまった社会貢献に参加している構図になります。しかも、

③ 今、自分が商品を買った分から回されて行われる次の社会貢献は、昨年と同じとは限りませんし、共感できるとは限りません。主役である企業が判断するからです。

しかし、ボルヴィックの場合、事前に告知を行い、水で困っている子どもたちを助けたいのであれば、どうぞ商品を買ってくださいと、消費者にゲタを預けます。つまり、消費者が主役になるのです。消費者が自分で判断して購入することによって、子どもたちを助けるという構図を作り、消費者の社会貢献意識がダイレクトに満たされるということにな

るのです。

「水で困っている子どもたちがいる。助けたいけどアフリカまでは行けない。どうしたらよいだろう」という消費者に対して、自分が仲立ちになりますと、申し出ているような構図になっているのです。

これによって、消費者は、自分の社会貢献意識がダイレクトに満たされることになるわけです。したがって、ＣＲＭは、事後的報告ではなく、これからこのようなことを行いますという「事前の告知」が重要となります。しかも、主役は消費者ですから、大々的に告知ができ、したがって、堂々とアピールができるのです。

4 お手軽さとお得感

社会貢献をしている企業や団体に、募金を届けるのはひと手間かかります。また、駅前で呼びかけられて、募金箱にお金を入れることに、気恥ずかしさを覚える方もいるでしょう。「陰徳陽報」が刷り込まれている日本人には、特にその傾向があるように思います。

しかし、ボルヴィックの場合、消費者は、ほしい水を手に取るだけで社会貢献ができます。コンビニで水の棚に手を伸ばした時に、「あっ、こっちの水はアフリカの人たちを救うんだっけ」と気がついて手に取るだけでよいのです。手間がかかりませんし、周囲から見られていると意識することもありません。

しかも、「1リットルが10リットルになる」という「お得感」があります。うまいのは、1リットルごとにいくら寄付するという表記ではない点です。

2007年の数値ですが、ボルヴィックを扱っているキリンビバレッジのHPによると、約7億リットルの水がアフリカに届けられましたが、そのために必要な寄付額は、4200万円だったそうです。ということは、1リットルのボルヴィックが7000万本売れたことになりますから、4200万円÷7000万本＝0・6円となり、1リットル当たり0・6円寄付されていることになります。現在の定価1本180円を適用して計算すると、179・4円が企業の懐に入るイメージが湧いてきます。もちろん、製造コストや輸送費がかかりますし、日々、さまざまなコストを削る努力を重ねている企業にとって、0・6円でも決して微々たる額とは言えません。しかし、消費者の側としては、金額で示されると、「企業なんて、そんなもんだよな」と思ってしまうかもしれません。「0・6円で何ができる？」という思いも生じてしまうかもしれません。

しかし、1リットルが10リットルになるということであれば、10倍の効果に見えますし、それなりにまとまった量です。アフリカの人たちのために、実のある貢献ができている印象も出てくるわけです。その結果、ボルヴィックを購入した消費者の社会貢献意識が満たされるのです。

このようにCSRは、感性に訴えかける、練られた戦略を求めます。そのため、形だけまねて「うちの商品を買ってくれたら、～に寄付します」などとやっても、売上につながるとは限らないのです。対自的感性主義の時代は、消費者も見る目が肥えていますから、ホンモノであるかどうか見抜いてきます。パクリやニセモノではだめなのです。成果を得るためには、CSRを理解し、効果的な戦略にせねばなりません。そこで、最後に、2つの章を割いて、CSRに取り組むポイントを解説しておきましょう。

第13章 CSRのポイント
―仕組みが重要―

1 デミングサイクルで回そう

ＣＳＲの基本は、重要な利害関係者のニーズを把握し、効果的な取組みをし、取組みを利害関係者に伝えることにあります。その基本を踏まえて、取組みが効果的に継続されるためには、仕組み（システム）を社内に作る必要があります。いわゆるＰＤＣＡのデミングサイクル[*4]です。計画を立て（Plan）、実施し（Do）、半年なり1年実施したら、計画どおりに進んでいるか、成果が得られているかを検証し（Check）、できている場合はより意欲的な目標設定をし、できていない場合はなぜできていないかを分析して、改善し

＊4　統計学的分析手法を背景に経営指導を行ったエドワード・デミングの名を冠した品質管理の方法。

(Act)、次の期につなげるというサイクルで回す必要があります。

ただ、会社のなかには、ＰＤＣＡのように意識的に構築され、表立って稼働するシステムではなく、ＣＳＲの背景にあり、表面からは見えにくい「仕組み」があります。ＣＳＲの実践を支え、そのカギを握る「実践構造」について、解説しておきましょう。

２ 自社の実践構造を把握しよう

業務を通してCSRを実践するのは、社員です。実践がダメだと、利害関係者の支持を得るには至りません。ＣＳＲの成否は、社員がカギを握っているのです。

良い実践のためには、自分が仕事のなかで何をすることがCSRなのかを、社員がイメージできることが重要です。一方、社員は、機械ではありませんから、良い実践ができるかどうかは、実践に向かうモチベーションが高まっているかどうかが重要で、そのためには、満足度が高い必要があります。それゆえ、顧客満足のためには、社員満足が大事と、よく

言われるわけです。そこで、

「何が社員の満足度を高め、効果的なＣＳＲの実践に向かわせているのか」

「経営理念やＣＳＲの方針を社員に理解させるには、研修が重要なのか、社長が語るほうが効果的なのか、つまり、社長の求心力は高いのか」

「仕事の現場で何を行うことがＣＳＲなのかを理解させるのに有効であるのは、研修か、ＯＪＴか、社員間のコミュニケーションか、社長との会話か」

などを把握し、効果的な実践につなげなければなりません。座学の研修が意味をもたないのに、一所懸命研修をやっても意味がありません。また、社長の求心力がないのに、社長が社員に語りかけたり、社長とのコミュニケーションの仕掛けを作ったりしても、ＣＳＲの落とし込みやモチベーションのアップにはつながりません。

このような、ＣＳＲの効果的な実践の背景にある社内の構造をＣＳＲの「実践構造」と言います。前出『オルタナ』の森摂さんとともに私が行っている「ＣＳＲ浸透度調査」では、「浸透構造」と呼んで、各社の構造を明らかにする作業も組み込んでいます。どちらの呼び方も、構造がもっている性格を表現しているので、どちらの呼び方でもよいと思います。つまり、実践には、ＣＳＲが社内において理解され、浸透している必要があるということです。

図13-1 CSRの実践構造／浸透構造の例

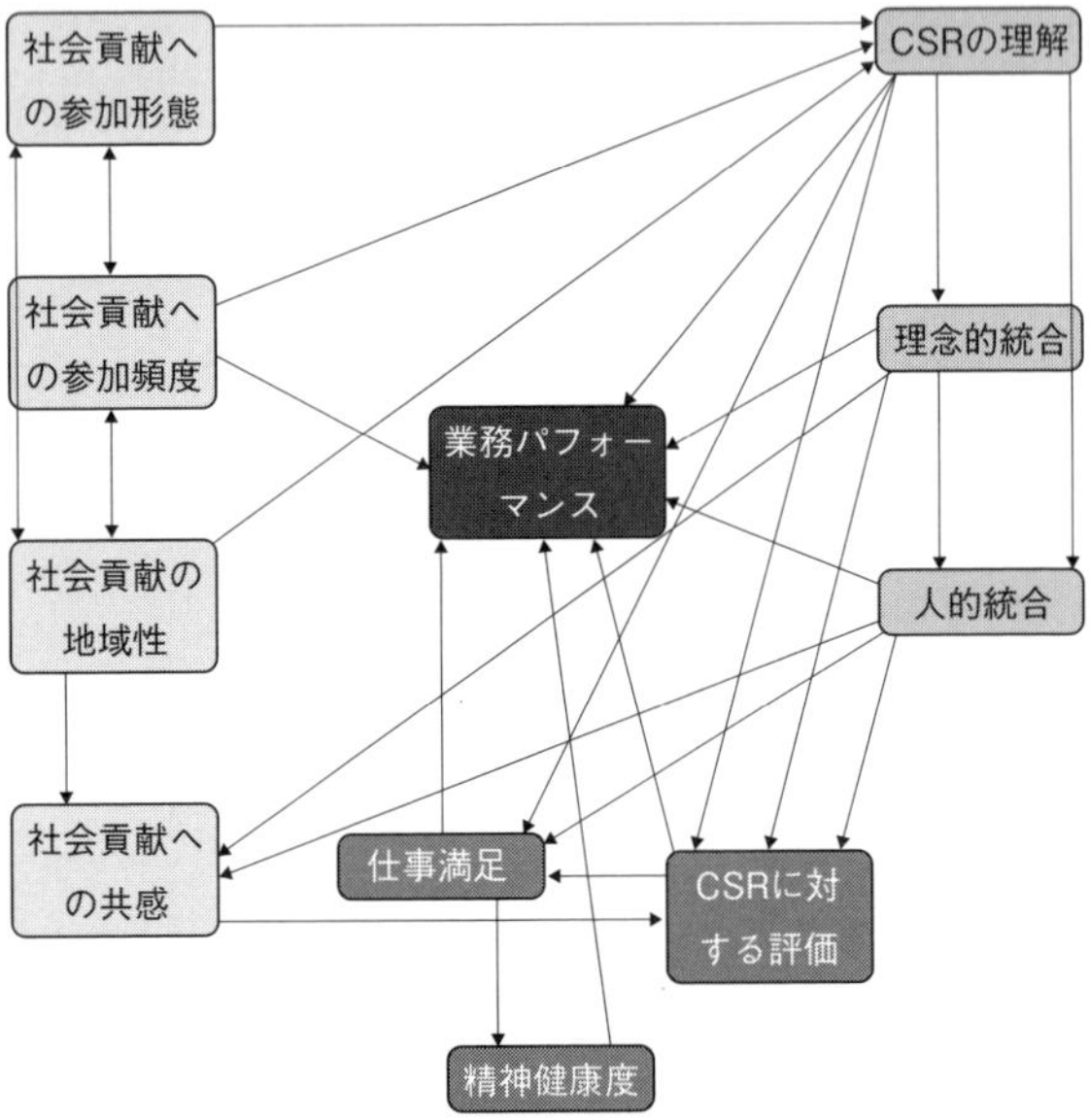

CFI	0.993	RMSEA	0.035	PCLOSE	0.996

ちょっとわかりにくいと思いますので、もう少し説明しておきましょう。企業の重要な内部構造が丸見えなので企業名などは伏せますが、図13-1は、ある企業の実践構造／浸透構造です。先にふれたIBMのAMOSの分析結果に、見やすいように手を加えたものです。図の下に、CFI、RMSEA、PCLOSEとありますが、それぞれの数字は、このモデルがこの企業の浸透構造をうまく表現している（モデルの適合度が高い）ことを示しています。用語の意味は、第3章3を参照してください。片矢印は因果関係を、両矢印は相関関係を表します。図を見ると、さまざまな要素が社員のCSRの実践（業務パフォーマンス）を支えていることがわかります。

このようにしてモデルを作ると、経営上の成果をもたらす効果的なCSRにつなげていく構図がわかり、取り組みやすくなります。また、企業によって「実践構造／浸透構造」は異なりますから、簡単にまねされず、差別化にもつながります。

なぜ企業ごとに違うかというと、業務の流れ、社員、顧客、接点のある地域社会、経営層の考え方、社員の行動や考え方を左右するさまざまな制度などが会社によって異なるからです。したがって、他社がやっていることをまねても、仕組みをうまく作れなかったり、成果につながらなかったりします。効果的なCSRのためには、自社の「実践構造／浸透構造」を把握して取り組む必要があります。CSRは、個別性を特徴とする感性がカギとなる対自的感性主義の経営戦略ツールです。個別性がついて回ることに注意せねばなりません。

では、次章では、本章の冒頭でふれたＣＳＲの基本に即して、効果を生むための重要なポイントを解説していきましょう。

第14章 CSRのポイント
――計画策定から取組みの伝達まで――

1 ニーズを把握せよ

まず、重要な利害関係者を特定して、そのニーズを把握することが取組みの出発点になります。ニーズ把握から自己評価を含む一連の作業が容易に行えるよう開発されたツールを「析出表」と言いますが、『CSR横浜』というウェブサイトに掲載されていますので、その紹介はここでは割愛します。注意せねばならないことは、ニーズが3つに分かれることです。

❶ 自覚されたニーズ

利害関係者が自覚しているニーズです。自覚されたニーズが提示された場合は、それに対応することが基本となります。

❷ 潜在化されたニーズ

ほしいと思うものがあっても、日々の忙しさなどから、頭の隅っこに追いやられているニーズです。ニーズを思い起こさせる仕掛けが必要です。例えば、洋服に対する潜在化されたニーズを再認識させるために、店頭に服を飾るといったことです。

❸ 創出されるニーズ

存在しないニーズを生み出すということで、利害関係者がニーズだと思っていないものをニーズであると気づかせる働きかけが必要になります。３つのタイプに分かれ

図14-1　ニーズの３局面に留意

利害関係者のニーズは３層に分かれる

① **自覚されたニーズ**
対応　要求に対応する

② **頭の隅に潜在化されたニーズ**
対応　思い起こさせる仕掛けが必要

提案が必要

③ **創出されるニーズ（社会課題を例に）**
＊解決をA社に期待できると思っていない
＊解決に喜びを覚えるとは思っていない
＊その課題の存在を知らない

ます。

① 利害関係者がニーズをもっているが、それを相手に期待できるとは思っていない場合です。ニーズに応えることができることをアピールする必要があります。

② ニーズの対象を知っていても、それが自分のニーズになるとはわかっていない場合です。ニーズになることを自覚してもらう必要があります。例えば、本人が似合うとは思っていない服を着てもらい、似合うことに気づいてもらうといったことです。

③ ニーズの対象の存在を知らず、ニーズを形成していない場合です。対象の存在を伝え、それがニーズになることを説明したり、実感してもらったりする必要があります。

つまり、目の前にあるニーズに対応しているだけでは不十分です。特に現代においては、創出されるニーズが大事で、「これがニーズになるはずだ」と思うことを積極的に提案していくことが大事です。それゆえ、提案型営業が意味をもつのです。この場合、これから形成されるニーズを把握するという意味で、利害関係者の未来のニーズをつかむ、と言ってもよいでしょう。ただ、提案される側は、注意が必要です。提案されることに慣れてしまうと、自社にとって何が必要かを自分で考える姿勢が失われる危険があります。

なお、創出されるニーズの話は、第5章3でお話ししたことにかかわります。「CSR

とは、法律以上のことをすること」という定義は間違いです。利害関係者が法律の範囲でよいと思っていたら、それでよいわけです。しかし、社会の期待が高まっていくと、法律以上の取組みを求める可能性があります。そこで、まだ法律レベルの取組みをしていればよい時代に、早くから高い水準の取組みをしていると、法律以上の取組みが期待されるようになったときに、「あの企業は早くからしっかりした取組みをしてきた」と、評価されることになります。それゆえ、法律以上の取組みをすることが、推奨されることがあるわけです。

「社会のニーズを超える取組みをすることがＣＳＲ」という論点もそれと同じです。ＣＳＲは、ニーズに応えることが基本です。ただ、添加物などに関する不十分な知識を背景とした食品ニーズに対して、適切な知識に基づいて安心安全な食品を作り、社会に提案すると評価される可能性がありますし、社会の要求水準が低いうちから高いレベルの取組みをしていると、社会の要求水準が高まったときに、評価されることもあります。しかし、それは、ニーズを超えるということではありません。潜在化されたニーズや創出されるニーズないし未来のニーズをとらえるということなのです。

2 ニーズを事業に結びつける

ニーズを絞ろう

ニーズを把握したら、ニーズに応える事業は何かを考え、自社の人材や事業ノウハウ、資金（外部調達も含みます）などから、どこまでできるか、それによってどの程度、経営上の効果が期待できるかを考えます。その際、自社の強みを活かす形を考えると、負担も少なく、効果も得やすくなります。

ただ、利害関係者のニーズが対立することがあります。社員は、雇用の継続や処遇の改善を望んでいる一方、株主は、賃金カットやリストラを求めている、といった場合です。この場合の処理方法は２つです。

第一に、賃金カットやリストラで社員のやる気や会社に対する求心力が失われ、業績に悪影響を与えるのであれば、株主にも不利益となります。それを株主に理解してもらうなど、調整を図る方法です。

第二に、どちらのニーズに応えるほうが、利益が大きいか、ダメージが少ないかを評価し、それに基づいて選択を行う方法です。析出表は、第一の方法での調整が容易ではない場合が少なくないことに基づき、第二の方法で選択を行う手続きを採用しています。

利害関係者の参加が重要

また、ニーズが先鋭化（個別化と高度化の同時進行）している現代では、ニーズを把握し、それを製品開発につなげることは、容易ではありません。利害関係者の生の声を把握したり、ニーズを的確に反映した製品を開発するために、利害関係者を巻き込み、直接意見を聞いたり、商品開発に参加してもらったりすることも重要です。

社会性を戦略化するルートは2つ

なお、社会性を戦略化する場合、自社の経営課題からアプローチする方法と、自社の強みとかかわる社会課題からアプローチする方法があります。つまり、利害関係者のニーズを把握し、経営上の効果を考慮しつつ、ニーズに応える事業を社会貢献として行うのか、収益事業化したソーシャルビジネスとして行うのか、さらに、自社の強みである経営資源を動員してどのように取り組むのかを考える方法（ルート1）と、社会課題のうち、自社

図14-2　アプローチのルート1

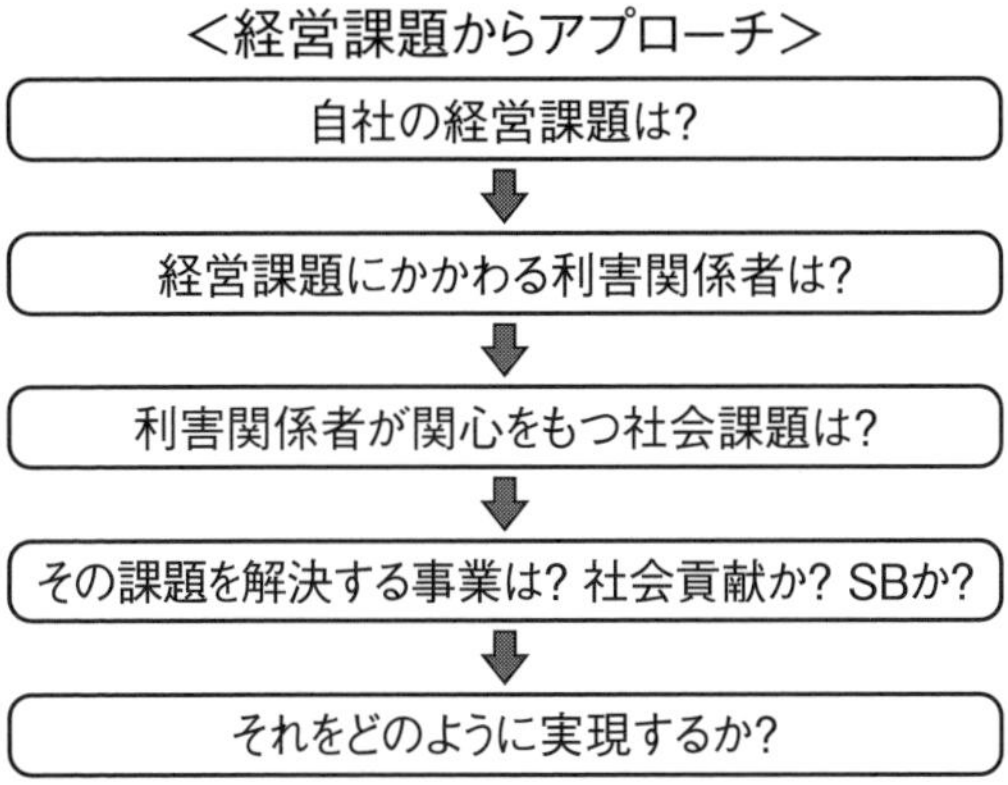
＜経営課題からアプローチ＞
自社の経営課題は?
経営課題にかかわる利害関係者は?
利害関係者が関心をもつ社会課題は?
その課題を解決する事業は? 社会貢献か? SBか?
それをどのように実現するか?

図14-3　アプローチのルート2

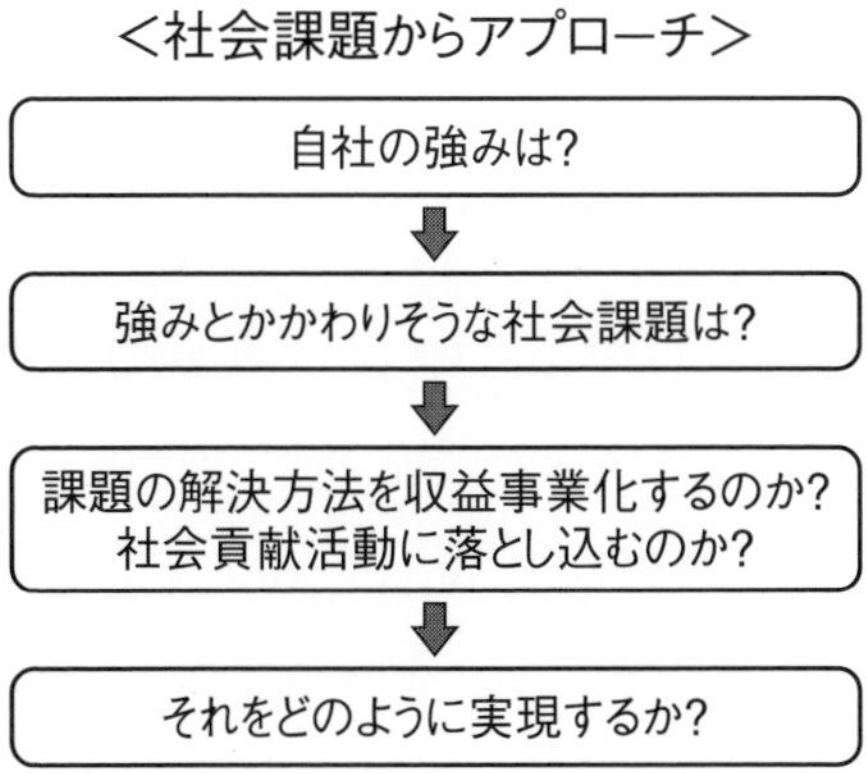
＜社会課題からアプローチ＞
自社の強みは?
強みとかかわりそうな社会課題は?
課題の解決方法を収益事業化するのか?
社会貢献活動に落とし込むのか?
それをどのように実現するか?

の強みから取り組みやすいものを選び、社会貢献として取り組むのか、ソーシャルビジネスとして取り組むのかを選択してゆく方法（ルート2）があります。

前者は、社員や顧客、地域住民などの利害関係者に社会性を訴えることによって評価を得るためにポピュラーな方法ですが、後者は、利害関係者への訴えかけというより、これまでの方法や発想だとビジネスにならないと思われてきた領域をビジネスチャンスに変える手法と言えます。

3 戦略的意味を考えよ

取組み内容を決めたら、中期でどのような成果を目指すかという中期目標（ＩＳＯ的に言えば「目的」）と、中期目標を達成するために、短期で目指すべき年次目標を定めねばなりません。

つまり、第8章で説明したようにＣＳＲはシステムです。利益などリターンが間接的に返ってくることも、中長期的に返ってくることもあります。目先の利益に目を奪われないことが大切です。目先の利益のために、社会の信頼を失ったり、一時的なブームのために大きな投資をしたりすれば、経営の存続が危うくなる可能性があります。しかし、経営が持続すれば、地道に利益を上げ続けることができるのです。例えば、同業他社が廃業するなか、国内で寒天を作り続けている「伊那食品工業株式会社」は、「ブームを追わない」を信条にしています。黒字が続き、横浜市の関内をはじめ、全国13か所に製品を販売するショップを出店しています。

さて、特に社会貢献に取り組む際、気をつけねばならないことがあります。部署レベルでは、例えば、「CO_2を〇トン削減する」「NPOに〇万円寄付する」「全社あげての社会貢献活動を年〇回以上行う」といった目標を立てることはかまいません。しかし、経営戦略的目標も立てねばなりません。つまり、そういった活動によって、仕事に対する社員のモチベーションを上げる、顧客の評価を得て売上を増やす、コストを削減するといったことです。言い換えれば、部署レベルでは、環境にやさしい、子育て支援になるといった、取組みの社会的意義を意識した選択を行い、経営層のレベルでは、取組みの経営的意味を意識した選択を行うことが必要となります。そうしないと、結局、取組みをやめてしまうことになりかねません。このように経営的意味を考える作業が、取組みの戦略的意味を考える作業です。

　例えば、ISO14001に取り組む場合、会社が環境にどんな負荷をかけているかを整理する「環境影響評価表」というものを作ります。それを元に、「CO_2の削減○トンに相当する植林をする」という目標を立てたとします。しかし、それだけでは、経営上の意味と結びついていません。そのため、環境や社会貢献は、経営上意味のないもの、負担になるけどやらねばならないものと思われがちになります。そこで、取組みを決め、目標を定める際には、経営上の意味も考えねばなりません。CSRは、「社会にとっての意義」と「経営にとっての意味」を常に考える必要があるのです。

　ただ、経営上の意味については、注意せねばならないことがあります。次項で説明しましょう。

4 「意味」の3点セットが大事

経営上の意味と社会的意義を考えることは、特に社会貢献活動に取り組む際に注意せねばならないことです。もう少し正確に言えば、社会貢献活動に取り組む際には、３つの意味を整理する必要があります。

経営上の意味

社員のモチベーションや顧客評価、売上などと結びついているかということです。良い取組みを続けるために必要です。

社会貢献が良い例です。経営上の意味に結びつけていないと、「儲けのためではなく善意で行っている」かのように見えます。しかし、経営上の意味に結びつけていない活動は、業績が悪化するとやめざるを得なくなることも少なくありません。そうなると、「結局、企業は利益優先なんだね」と印象づけることになります。

それだけではありません。企業からの寄付や事業資源の提供に依存していたＮＰＯの活動ができなくなるかもしれませんし、そうなれば、ＮＰＯからのサービスを受けていた人々は困ります。それによって、かえって評価を落とすことにもなりかねないのです。

ただ、どのような経営上の意味があるかを社会や社員に説明するのであれば、慎重に行う必要があります。「社員のやりがいにつながっている」程度ならよいのですが、売上や利益が上がるといった説明は、指標であることを理解してもらえるとは限りませんので、売上や利益のためにやっていると誤解を受ける可能性があるからです。

例えば、社員が「うちの社長は、儲かるから社会貢献をしてるんだ」などと思ってしまう可能性があり、そうなると、経営層や会社に対する求心力はたやすく失われてしまう危険があります。

他方、社員が経営上の意味を受け入れた

図14-4　3つの意味を押さえる

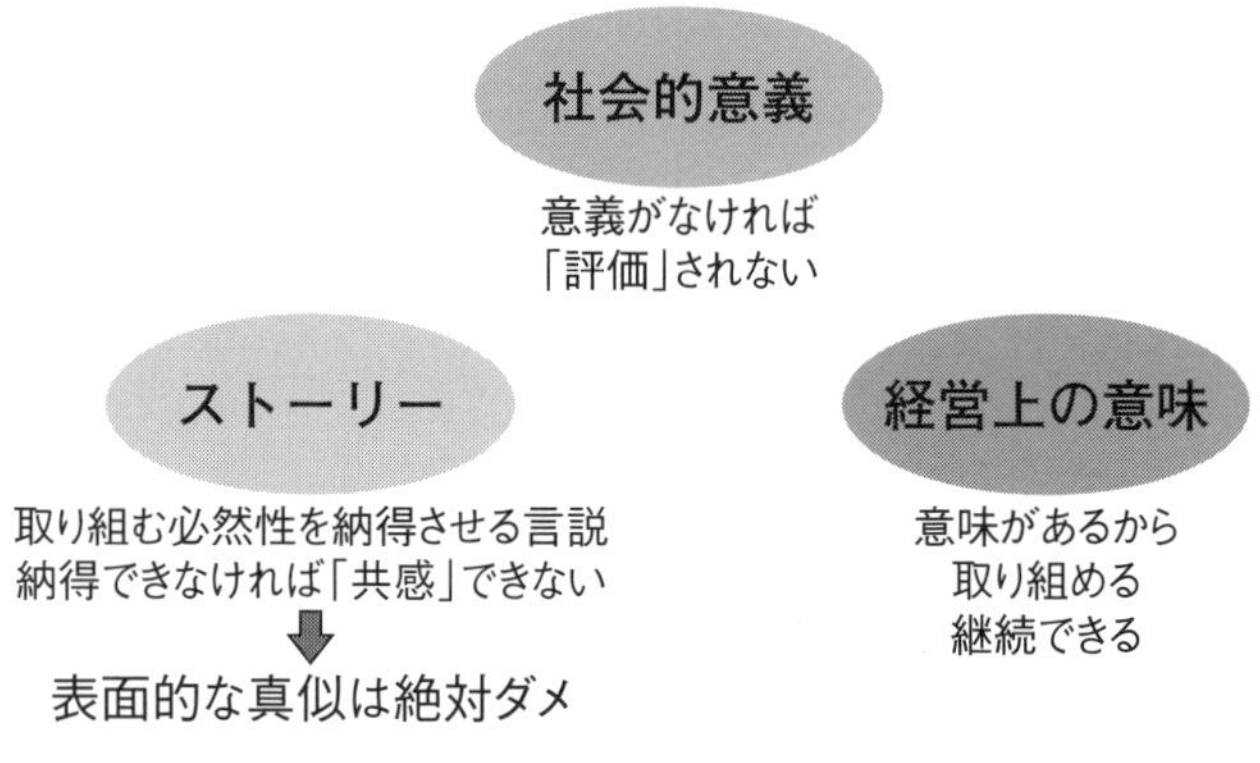
社会的意義
意義がなければ
「評価」されない
ストーリー
取り組む必然性を納得させる言説
納得できなければ「共感」できない
表面的な真似は絶対ダメ
経営上の意味
意味があるから
取り組める
継続できる

場合でも、問題があります。社員が「これでいくら儲かるのかな」などと意識しながら社会貢献活動をしていると、顧客や地域社会に何となく伝わってしまい不評を買います。むしろ、打算なしに取り組むと、誠心誠意取り組んでいる姿勢が伝わり、評価を得ることになります。

大企業の場合は、経営企画などの部署で、経営上の意味を設定し、担当部署では、そのためにNPOと連携するなどの目標設定をすることが考えられますが、中小企業の場合、そのような分業体制をとることができない場合もあります。そこで、ある取組みが経営上の意味があるとわかったら、経営上の意味を考える視点を普段は棚上げする、もしくは、経営上の意味のほうは忘れて、社会に貢献することだけを考えて取り組むということもありえます。経営上の意味を考えることが経営上の意味を損なうのであれば、本末転倒です。それゆえ、それに気づいた先人たちは、社会に尽くせ、貢献せよという経営理念を残したわけです。ただ、その場合でも、できれば、定期的に社会的意義と経営上の意味の点で効果が上がっているかチェックすることが望ましいとは言えます。

他方、社員が経営上の意味に敏感な企業や社会貢献に関心がない企業もありえます。その場合、「手当は出るけど、休みなのにゴミ拾いをさせられている。意味わかんない」「経営にとって意味のないことにお金を使ったりして、うちの会社は大丈夫か」という不満や疑問が出てくる可能性があります。業務とはかかわりがないと思うので、不満が出ます。経営上意味のないものに支出するコストは、無駄なコストです。このような会社の場合、重要な業務であり、意味のあるコストであることを説明する必要もあるでしょう。

このように、企業はさまざまですから、効果的ＣＳＲのためには、第13章でふれた実践構造を把握することが不可欠なのです。

ストーリー

その会社がある社会貢献に取り組む物語です。経営上の意味ではなく、「水を扱っているから水で助けたい」「日本の会社だから、東北の被災地を助けたい」のように、「思い」の面から取り組む必然性が伝わるような意味をもった文脈が必要です。その物語がしっかりしていると、利害関係者の「共感」につながります。経営理念（経営方針や社長の思いなどでもよいです）や会社の履歴（創業の地がどこか、どういう経緯でできたかなど）、主力商品と結びつけて話の筋をうまく作ることができると、ストーリーがしっかりしてきます。

他方、ストーリーが示されていないと、利害関係者には、なぜ取り組んでいるかが見えませんから、形だけ取り組んでいるように見え、したがって、売名行為に見えるだけです。

社会的意義

利害関係者が社会的意義を感じなければ、利害関係者の「評価」を得ることはできません。ストーリーによる「共感」と社会的意義による「評価」によって、はじめて利害関係者の支持につながると言えます。もちろん、企業が「社会的意義がある」と勝手に判断するのではなく、利害関係者がどのように思うかが大事です。

社会的意義を高めるためには、NPOとの協働が有効です。NPOは、社会課題のプロです。どこにどのような課題があるか、どのようにその課題に取り組むと効果的かを知っています。それに対して、企業は、社会課題が本業ではありません。

他方、NPOは事業の企画や遂行、継続、その財務面での下支えといった点で弱い面があります。NPOと企業は、お互いに補完し合いながら、WIN-WINの関係を作ることができるのです。ただ、協働を進めるのであれば、気をつけねばならない点があります。

相互に相手の特性を理解することです。NPOは、企業が売上を上げ、コストを下げねば経営が危なくなることを理解したり、アポイントを取って訪問するなど最低限のビジネスマナーを身につけたりする必要があります。他方、企業は、NPOがミッション*5や思い、問題意識で行動することを理解せねばなりません。また、時折、「非営利」という言葉から連想するのか、NPOを安上がりの下請けと考えているとしか思えない企業がありますが、もってのほかです。

5 1つぶで2度も3度もおいしいCSRを

社会的意義とのかかわりで、ふれておかねばならないことがあります。先に、社会貢献は、品質が悪いことの言い訳にはならない、むしろ、社会貢献は、品質に、リボンかちょっとした飾りのように上乗せされる付加価値にすぎない、と述べました。品質が良くて、さらにおまけがついているのであれば、お得感があるということです。

もし、そうなら、おまけは、多いほうがいいはずです。つまり、ある社会貢献が環境も守るけど貧困も救う、という効果をもつ場合、1つで2つ分です。1つぶで2度おいしいというわけです。

東京にある「株式会社ソーケングループ」は、被災者から本当に必要なものを直接聞き取って対応するという姿勢で、東北被災地支援の活動を震災直後からずっと継続してきています。その支援の一環で、仮設住宅に住む被災者に少しでも収入を得られる仕事を提供したいと、ヒノキの間伐材を使った「入浴材」を考案しました。ヒノキのチップをお風呂に入れて、香りを楽しむグッズですが、加工を障がい者の福祉作業所に依頼し、包装を仮設住宅に暮らす被災者にお願いしています。

間伐材使用で環境問題への対応になる、障がい者の仕事にもなる、被災者支援にもなるという、３つの社会貢献が組み合わされているのです。

社会貢献は、このように、２重３重の意義をもたせる工夫が必要になってきています。なぜなら、感性は、「慣れ」や「飽き」が生じるからです。見方を変えれば、錬成性があるからと言えます。つまり、感性は、初めて接するものにはインパクトを感じます。びっくりしたり、感動したりします。しかし、同じような刺激を受け続けていると、だんだん慣れてきて、びっくりしなくなります。それが普通の状態になってしまうのです。例えば、食べものでも、最初はおいしいとか、刺激的と思っても、同じものを食べ続けていると、

＊５　ＮＰＯの存立の基盤となり、事業や活動の柱となる目的や価値観のことです。

飽きてきます。慣れてしまって、もっと辛いものをとエスカレートします。錬成性という点では、良い美術作品に親しむことによって、それまでわからなかった高尚な絵画や骨という品がわかるようになる、メキキになる、という現象も生じます。

したがって、最初はちょっとした社会貢献に感動しても、さまざまな企業がいろんな社会貢献をしていると、それに慣れたり、飽きたりして、だんだんちょっとしたことでは感動しなくなるのです。また、目が肥えてきて、他社をまねただけのものや、ストーリーも練れてなく工夫もない社会貢献は、辛い評価を受けます。そこで、利害関係者の評価を得るために、2重3重に意味をもつ、お得感のある、もしくは、インパクトのある社会貢献も考えねばならないわけです。

6 社員に落とし込め

社員はCSRの実践部隊であり、CSRの顔です。会社がいかに良いことを言っていたとしても、社員がダメでは、利害関係者の不評を買います。社員がＣＳＲを効果的に実践できる状態にするためには、「ＣＳＲを社員に落とし込む」必要があります。浸透の重要な要素でもあります。

社員に落とし込むとは、社員が経営理念や会社の方針、社長の思いなどを自分の業務に具体化するとどのような行動になるのかをイメージでき、指示されなくとも、理念や方針、社長の思いに基づいた行動ができるようにすることです。なぜ、経営理念や方針、社長の思いなのかというと、社員一人ひとりが「自分は、これがＣＳＲだと思う」と勝手な判断で行動すると、人によって言うことややることが違ってくるので、かえって利害関係者の不信を買う可能性があるからです。どの社員からも共通に感じられる柱が必要です。その点、経営理念は、会社の精神的土台ないし柱ですから、社員共通の柱として最適なのです。といっても、経営理念があるだけでは、社員に共通した柱は作れません。社員のなかに柱を作るためには、次の２点が重要です。

まず、社長が社員に自分の方針や思いを語ることです。経営理念を自分の言葉で解説するということでもよいです。社長の求心力が高い場合、より効果的です。

次に、各社員がどのようにふるまったり、どのような仕事をしたりすることが社長の思いや経営理念に沿うことになるのかを、社員の良い行動や失敗例で具体的に解説することです。その際、なぜその事例が理念に沿っているのか／いないのかを解説することを忘れてはいけません。解説は、理念と社員の行動との結びつきのパターンを理解させるのに役立ちます。もちろん、失敗に関しては、糾弾という形をとってはいけません。「失敗に学べ」という言葉もあるように、学びの良い材料として扱います。良い例については、社内で表彰することもあり得ます。

このようなことを繰り返してゆくと、社員の中に、ガイドライン（理念と行動との結びつきのパターン）が形成され、ほっといてもＣＳＲを実践する行動がとれるようになっていきます。

ＰＧＳＪの椎名社長は、経営理念は他の企業にまねることができないとし、社員への浸透を図っていますし、低迷傾向にある生協のなかで高い業績をあげている「コープみやざき」では、日々、理事長が自分の思いを具体化した行動はこうだと語ったり、職員全員が参加する研修で、見本となる職員の仕事ぶりを紹介したりしています。

7 参加型の地域貢献に着目せよ

社員が効果的なCSRを実践するには、社員満足度を高め、モチベーションを高めることが重要です。そのためには、参加型地域貢献が有効です。ただし、気をつけるべきことがあります。

(1) 社員にとってストーリーの点で共感でき、社会的意義の点で評価できる内容であること。
共感できなかったり、意義が感じられなかったりすれば、負担感や疑問でいっぱいになり、逆効果です。

(2) 成果がその日のうちなど、短期で出るものであること。
行為の成果がすぐに見えると、社会的意義が確認でき、社員による評価が補強され、さらに社員の充実感も満たされる可能性が高まります。

(3) 成果が実感できること。
地域の子どもたちや住民から感謝されるなど、利害関係者の反応が実感できると、社会的意義が強く感じられ、社員による評価や社員の充実感につながります。

8 自己評価を忘れるな

ＣＳＲに取り組んだら、最初に設定した2種類の目標、つまり、社会的意義にかかわる目標と経営上の意味にかかわる目標が達成できているかを自己評価し、達成できていれば、目標のより高い次の段階を目指し、達成できていなければ、その原因を突き止め、対策を図り、次期には達成できるようにしていきます。

取組みの評価は、目指した目標が達成できているかをチェックする作業になるので、最初の目標設定が大事になります。最初の目標設定が悪いと、取組みの社会的意義と経営上の意味を高める改善につなげてゆくことができません。適切な目標設定ができていないために、効果的な自己評価ができていない企業も少なくないように思われます。特に社会貢献の場合がそうで、社会貢献の場合、①社会的意義と、②社員の求心力やモチベーションを上げる、顧客の評価を上げるといった経営上の意味を明確化し、③実施回数などに加え、地域性や参加など、社会的意義と経営上の意味を高める手段を組み込み、④社会的意義・経営上の意味が達成されているかどうか、手段が有効であるかどうかを評価するための指標を定め、⑤その指標を目標として設定して、適切な評価ができるようにしてゆかねばなりません。

ちなみに、経営上の意味にかかわる指標としては、社員のモチベーションを10段階で自己評価してもらい、それをポイント化する、手段にかかわる指標としては、社会貢献の地域性の度合いを数値で表現したり、社員の参加回数を用いたりするなどもありえます。

9 利害関係者に取組みを効果的に伝えよう

誰が伝えるかがポイント

利害関係者の支持を得るには、取組みを伝える必要があります。しかし、発信すれば伝わるわけではありません。利害関係者が情報を受け取り、肯定的に受け入れなければ、意味がありません。しかし、通常、「企業は自社にとって都合の良いことしか言わない」と思われています。そこで、ホームページにCSR情報を掲載しても、CSR報告書を作っても、特に消費者は、よほどのことがない限り自分から情報にアクセスすることはありません。

しかし、利害関係者が信頼を寄せている人物や組織を介して情報が伝わると、効果的な伝達ができます。つまり、積極的に受け取ろうとするだけでなく、その情報を信用し、肯定的に受け入れる可能性が高まります。

横浜市港北区にあるトレッサというトヨタの商業施設は、自動車のショールームとさまざまな店舗が併設されたショッピングモールになっていますが、子育て世代に向けた広報の一環として、子育て支援のNPO法人「びーのびーの」に、トレッサを使った感想をブログで発信してもらっています。使ってもらって、トヨタが感想を聞くモニタリングではなく、社会にそのまま発信してもらうのです。「びーのびーの」は効果的な子育て支援活動を行い、多くの人々から信頼を得ていますから、「びーのびーの」を介した情報は、利害関係者に肯定的に受容されることになります。しかも、「びーのびーの」が発信する情報のなかには、「ここがいまいち」という否定的情報も含まれています。それがかえって情報への信頼性を呼び、「ここがいい」という情報の信頼性を高めることにもなっているのです。

NPOとの連携は、社会貢献の実施局面だけではなく、さまざまな局面で有効性をもつことがわかります。

また、友人や知人のつながりで伝わる口コミは有力な伝達方法です。「口コミは、確かに密度は濃いかもしれないが、伝わる速度も遅く、範囲も狭いのでは」とお思いの方もいらっしゃるかもしれませんが、リプロ／ユーユーハウスの事例でみたように、現代では、ソーシャルメディアが発達してきており、口コミ情報が、瞬く間に広範囲に共有されてゆきます。そこで、どのようにすれば、ソーシャルメディアに自社情報が肯定的に載せられるかが、重要な戦略ポイントになってきていることは言うまでもありません。

利害関係者を巻き込め

第6章3でふれましたが、利害関係者を巻き込むことができれば、体験を通した効果的伝達ができます。頭で理解したことや単なる記憶は、あっという間に薄れますが、悲しかったり、うれしかったりしたことは、記憶に残ります。感動や驚きといった感性の働きを伴うと、印象深く心に残すことができるのです。

ただ、利害関係者が受け身である場合、刺激に対する飽きが生じ、「もっともっと」と、表層的な刺激に対する要求が高まることも考えられます。そうなると、対応する企業は大変ですし、ネタも尽きる可能性があります。それに対し、利害関係者が主体的に参加すると、利害関係者自らが欲求を満たす行為をクリエイティブに生み出す効果が期待できます。

利害関係者の参加ということでは、一緒に社会貢献をするといったこともありますが、それだけではありません。第1章3でふれた石井造園株式会社のCSR報告会は、区長や小学校長をはじめ、地域の人々が集まり、会場である会社の倉庫がいっぱいになるほどの盛況ぶりです。堅い報告会ではなく、地元のミュージシャンのミニコンサートや楽しいイベントもあり、感性に訴えかけつつ情報を伝えるという工夫がなされています。

また、ボルヴィックのキャンペーンは、消費者を寄付主体として参加させるメカニズムが組み込まれているとも言えます。

第15章 戦略を促す施策を

2重の誤解

社会性のあることを経営戦略化するということは、例えば、障がい者を戦力として扱うということです。障がい者が戦力となるので雇用するということになれば、それは無償の行為ではありません。通常の人事戦略であり人材マネジメントです。本来はそうあるべきですが、実際は、「法律で定められているから障がい者を雇用している」という企業も多く、障がい者雇用は、経営上の負担になる、したがって、無償で行うべき社会貢献の一環、と考えられている傾向が強いと言えます。

しかし、そこには、2重の誤解があります。障がい者が戦力にならないという誤解、そして、社会貢献は経営の負担になるという誤解です。このような誤解があるので、これまでのＣＳＲは間違いだとするマイケル・ポーターのＣＳＶ（Creating Shared Value）の議論がもてはやされることになるのです。

しかし、第４章４でふれましたが、ＣＳＶの議論をもって、ＣＳＲそのものをダメと考えるのは早計です。企業が誤解などから間違ったＣＳＲに取り組んでいて、それがダメだということと、ＣＳＲそのものが間違いであるということとは別です。ＣＳＲは、企業と社会（利害関係者）との間でWIN-WINの関係を生み出す経営戦略的観点です。もともとＣＳＶの考え方が組み込まれています。しかし、現実の企業が必ずしも適切な取組みをしているとは限りません。

そこで、ＣＳＲの観点からすれば、社会貢献や障がい者雇用を経営戦略化する視点とノウハウを企業に身につけてもらうことが必要です。法で縛り、アメとムチを使うことも必要でしょうが、障がい者は役に立つという観点から雇用に取り組んだほうが、企業にとっても障がい者にとっても良い面が大きいはずです。しかし、一般的に中小企業は、経営戦略を構築しようという観点やノウハウが弱い傾向があります。

ノウハウの形成

そのため、技術力はあっても、業績に結びつかないという状況が生ずる場合があります。技術力がダイレクトに第二次産業の成長を支えた時代はともかく、対自的感性主義の現代は、技術力を活かしたり、売上に結びつけたりするための戦略が重要なのです。また、第10章3でふれたように、ノウハウの形成も簡単ではありません。

したがって、現代は、そのような視点とノウハウを意識的に育てる施策が求められていると言ってよいでしょう。それは、行政にとっては、財政負担を軽減できる、企業にとっては、戦力を確保したり業績につなげたりすることができる、障がい者にとっては、給与ややりがいを得ることができるという、WIN–WIN–WINのCSR的施策です。

企業が障がい者の能力に気づき、それを積極的に引き出そうとする視点とノウハウを形成し、雇用を継続するためには、第4章4でふれたような、包括的な制度が必要です。例えば、

(1) 雇用をする際には、経営戦略的観点から業務の切り出しや障がい者の能力をどう使うかなどについてアドバイスをしたり、会社の業務に合った障がい者を紹介したりする。

(2) 雇用してからは、さまざまな問題や課題が生じた際に、経営者や障がい者の相談に乗っ

たり、情報提供をしたりするために、医療機関や行政機関、障がい者の支援組織、障がい者雇用のノウハウを蓄積している企業などのネットワークを通じて、経営者と障がい者の双方を支える。多様性に富む精神障がい者の場合、個別に対応する必要があり、特にこのようなネットワークは、重要です。

なお、京都では、企業や福祉団体、医療機関、行政などのネットワークで企業と障がい者を支える「山城障がい者就労サポートチーム調整会議（通称『はちどり』）」という制度が稼働しています。このようなネットワークは、地域レベルで構築すると、ＣＳＲの地域システムとして有効に機能する可能性が高く、非常に興味深い試みです。

(3)　法定雇用率をクリアするためだけの雇用ではなく、経営戦略的意味を見出して障がい者を雇用している企業に減税や助成を行う。

減税や助成のためには、企業の戦略を評価せねばなりませんが、それは可能です。横浜市や宇都宮市では、すでに企業のＣＳＲを評価し認定する制度を運用していますし、総合評価一般競争入札制度＊6を運用している自治体もあります。さらに、印刷業界は、業界単位としては日本で初めて、総合的なＣＳＲの認定制度を作りました。

こういった制度をはじめ、包括的な制度が必要なのです。制度は、時代の要請に合わせて再構築が求められている社会システム・地域システムの具体的構成要因です。時代に合った問題意識をもっていかに有効な制度を構築できるかがカギ、と言えるでしょう。

＊6 官公庁が入札を行う際、物品の価格だけでなく品質、環境負荷、企業の経営姿勢なども合わせて総合的に評価する制度。

おわりに

―「障がい者雇用」は鬼門―

本書は、２０１１～２０１３年度の文部科学省科学研究費を受けて行った「障がい者雇用の経営上の正の効果に関する研究（課題番号11235330480）」の成果を社会に伝えたいと思って書いたものです。

障がい者を多く雇用しつつ、経営がうまく成り立っている企業があることは知っていましたが、障がい者が組織内マクロ労働生産性を改善するのではないかという仮説は、２００６年に設立した横浜市立大学ＣＳＲセンターの設立準備や、横浜市が作ったＣＳＲの認定制度（横浜型地域貢献企業認定制度）の設計を担当するなかで、中小企業を中心としたさまざまな企業からＣＳＲの取組みに関するヒアリングを行った際に、障がい者が会社に良い影響を与えているという話を数多く耳にしたことで、導き出されたものです。

ただ、研究費が認められるまで、時間がかかったため、２０１１年からとなった次第です。

研究にあたっては、多くの皆さんにお世話になる一方、障がい者雇用という領域での研究の難しさも感じました。アンケートをお願いした企業のすべてに受けていただけたわけではありません。協力をお願いした地元の企業団体の事務局長には、「このような調査には協力できない」と一蹴されました。

途中まで話が進んでいながら、アンケートの見本を送ったところ、社員に変な意識を植えつけたくないと、断られたこともありました。

ある会社の社長には、「このアンケートはおかしい」と言われ、講釈まで受ける羽目になりました。また、戻ってきたアンケート用紙に走り書きで、気分を害するアンケートだと記されていたこともあります。メモが書かれていたアンケートは、私の問題意識に共感した方が取引先にお願いして答えてもらったため、調査の主旨や問題意識がうまく伝わらなかったからかもしれません。障がい者にかかわる問題は、デリケートな問題であることを痛感しました。

ただ、このような対応の背景には、差別につながりかねない、障がい者に対する先入観があるように思われます。障がい者は能力が低い、どうせ何もできない、と考える先入観です。障がい者雇用は社会貢献であるとか、崇高なものと考える観点も、裏を返せば、何もできない人を雇用するのだから社会貢献だ、という文脈で考えられているように思います。

私が設計したアンケートは、そのような先入観ないし偏見があることを前提にし、接触によってそれが変化するという仮説に基づいていることから、アンケートに答えていくと、自分の偏見や先入観が自覚されてしまうため、「嫌なアンケート」と受け止められた可能性があります。言い換えれば、この状況はノーマライゼーションやインクルーシブネスが十分とは言えない日本の現状を表していると言えます。

毎年、私の本務校でも多くの学生が卒業し就職していきます。私のゼミの学生は優秀な子が多く、女子学生でもそれほど苦労せず就職が決まっていきます。このような学生の採用を社会貢献と考えている企業はないでしょう。事業にとって役に立つと思うからこそ採用するわけですし、人材なり人財といった表現が使われるわけです。障がい者も「人材にすぎない」と見られる社会が、真のノーマライゼーション、真のインクルーシブの社会と言えるのではないでしょうか。そのような社会では、障がい者に対する先入観や偏見が薄れるでしょうから、障がい者に接することによる健常者社員の精神健康度や仕事満足の変化が、今回の調査ほど生じない可能性もあります。

そのような社会に近づいていくためには、障がい者にいかなる能力があり、企業にどのようなメリットをもたらすのかを明らかにするとともに、企業が障がい者の能力を引き出し活用するためには、どのような支援制度が必要かを明らかにする研究が必要なのではないかと思います。

―謝辞―

研究を進めるなかで、本当にたくさんの皆さんにお世話になりました。特に、アンケート調査を受けてくださった企業がなければ、この研究は成立しませんでした。社名を公表しないでほしいという企業もありましたため、ここでは各社の名前を記しませんが、多くの企業に断わられるなか、本当にありがとうございました。

また、アンケート回答企業以外にもさまざまな方にお世話になりました。

横浜市にある日総工産株式会社の特例子会社「日総ぴゅあ株式会社」の松井優子さん、有名企業の社会貢献担当責任者であった経歴をもち、「NPO法人アクションポート横浜」の理事をされている清水あつ子さん、「NPO法人横浜スタンダード推進協議会」、「横浜建設業青年会」、「宇都宮CSR推進協議会」、各地の「中小企業家同友会」の皆さんには、調査対象企業をご紹介いただき、多くの貴重なデータをとることができました。横須賀商工会議所事務局長菊池匡文さんにも、お忙しいなか、ご尽力いただきました。

横浜市立大学の同僚でもある浮田徹嗣先生、神奈川工科大学の服部哲先生には、研究上の相談に乗っていただきました。

また、本書で解説したような分析結果が出たものの、なぜ障がい者と接触すると精神健康度や仕事満足につながるのかというメカニズムを明らかにする必要を感じ、障がい者雇用に取り組む企業や障がい者支援団体、当事者団体、医学と障がい者支援の接点で活動をされている皆さんにヒアリングを行いました。本書に登場したさまざまな企業や団体は、その際にご協力いただいた企業や団体です。

なお、本文ではふれることができませんでしたが、本務校のすぐ近くにある金沢文庫エールクリニック院長藤原修一郎先生とスタッフの皆さん、鎌倉市大船にある「ハートクリニック大船」の岡桃子さん、池沢佳之さん、同じく大船にある「就労サポートセンターねくすと」の高野宏章さん、宇都宮彩子さん、秋山真貴子さん、増田準さん、千葉県市川市にある「NPO法人NECST」の大島みどりさん、静岡県浜松市の「社会福祉法人聖隷福祉事業団」の梶村美由紀さん、牧野光子さんには、面倒な質問に長時間にわたってご対応いただきました。

調査を進めるなかで、障がい者雇用に取り組む中小企業や支援組織の皆さんと接点をもてたことは大きな財産です。特に、神奈川県中小企業家同友会や金沢文庫エールクリニックの皆さんとは、勉強会も開き、交流を続けています。

中小企業家同友会の皆さんとの接点は、2011年夏に、復興支援のために被災地に赴いた際にさかのぼります。岩手に出向いた際、岩手大学にいる影山ゼミ出身の中島清隆君の仲立ちで、岩手県中小企業家同友会事務局長菊田哲氏にお会いした際、障がい者問題部会のお話を聞き、横浜に戻ってすぐに連絡をとったのです。
なお、被災地に赴くにあたっては、「お～いお茶」の「伊藤園」には、社員の方2名に同行いただくなど大変お世話になりました。伊藤園は、震災直後、社長自ら被災地に飛んでいき、地域のコンビニなどに飲み物を届けるよう指示したり、被災者の癒しのための「お茶っこ会」をいまだに被災地で、地道に開催したりしています。派手なパフォーマンスを志向せず、地域に寄り添おうとする企業姿勢が感じられます。その企業姿勢ゆえに、CSRを研究する私が被災地に赴く意義を感じ取ってくださったのかもしれません。伊藤園には、今でも感謝しています。

さまざまな縁があって私の研究が成り立っていることに、今さらながら気づかされます。加えて、研究成果をまとめることは念頭にありましたが、中央法規出版の国保昌さんの存在なくして、このような書籍の形で日の目を見ることはありませんでした。出版への道筋をつけてくださった国保さんに感謝します。

最後になりますが、この研究を進め、本書をまとめるなかで、障がい者と家族のきずなを目の当たりにしたこともあり、家族の大切さを改めて痛感しました。私が研究に打ち込めるのは、郷里で私の健康と仕事を案じている母八江、私の仕事がスムーズにいくよういつも配慮してくれている妻由美、私に似ず穏やかな性格で周りを和ませる息子祐弥のおかげです。心から感謝しています。最後に記して謝意を示したいと思います。

2013年初夏のさわやかな日に

著者紹介

影山 摩子弥（かげやま まこや）

1959年、静岡県浜北市（現 浜松市）生まれ。早稲田大学大学院商学研究科博士後期課程修了。横浜市立大学商学部教授、国際総合科学研究院教授などを経て、現在、同大学都市社会文化研究科教授。2006年に設立された同大学CSRセンターのセンター長も務める。

専門は、経済原論、経済システム論、地域CSR論。研究・教育の傍ら、海外や日本国内の行政機関、企業、NPOなどさまざまな組織からのCSRの相談にも対応している。

また、自治体が運用するCSRの認定制度として注目を集める「横浜型地域貢献企業認定制度（横浜市）」「宇都宮まちづくり貢献企業認証制度（宇都宮市）」や、業界単位では初めてのCSR認定制度である「全国印刷工業組合連合会CSR認定制度」の設計を担い、地域および中小企業の活性化のための支援を行っている。

著書に『地域CSRが日本を救う』『世界経済と人間生活の経済学』(以上、敬文堂)、『CSR経営革新』（共著、中央経済社）、『横浜の産業と街づくり』(共著、学文社）などがある。


なぜ障がい者を雇う中小企業は業績を上げ続けるのか？

経営戦略としての障がい者雇用とCSR

2013年11月15日　初　版　発　行
2023年 9 月20日　初版第 3 刷発行

著　者　影山摩子弥
発行者　荘村明彦
発行所　中央法規出版株式会社
〒110-0016　東京都台東区台東3-29-1　中央法規ビル
TEL 03-6387-3196
https://www.chuohoki.co.jp/

ブックデザイン　萩原弦一郎・橋本雪（デジカル）
印刷・製本　株式会社アルキャスト

ISBN 978-4-8058-3921-8
定価はカバーに表示してあります。落丁本・乱丁本はお取り替えいたします。